O Recomeço

Dados Internacionais de Catalogação na Publicação (CIP)
(Câmara Brasileira do Livro, SP, Brasil)

Cardoso, Daniel Carlos
  O Recomeço / Daniel Carlos Cardoso. – São Paulo :
Ícone, 2003.

Bibliografia.
ISBN - 85-274-0692-6

1. Bem e mal 2. Ficção brasileira 3. Literatura apocalíptica 4. Profecias I. Título.

02-5403   CDD-869.93

Índices para catálogo sistemático:
1. Ficção : Literatura brasileira 869.93

Daniel Carlos Cardoso

O
Recomeço

Ícone editora

Copyright © 2003
Todos os direitos reservados.

Capa e Diagramação
Isabel Reis Guimarães

Revisão
Rosa Maria Cury Cardoso

Proibida a reprodução total ou parcial desta obra,
de qualquer forma ou meio eletrônico, mecânico,
inclusive através de processos xerográficos,
sem permissão expressa do editor
(Lei nº 9.610/98).

Todos os direitos reservados pela
ÍCONE EDITORA LTDA.
Rua das Palmeiras, 213 – Sta. Cecília
CEP: 01226-010 – São Paulo – SP
Tel./Fax: (011) 3666-3095
www.iconelivraria.com.br
E-mail: editora@editoraicone.com.br
edicone@bol.com.br

AGRADECIMENTOS

Agradeço a todos que me permitiram terminar esta obra. Agradeço aos meus pais, irmãos, e meus amigos, pois sem eles, nada disso seria possível.

DEDICATÓRIA

Dedico este livro a todos os estudiosos das várias profecias das várias religiões.

EXISTÊNCIA

Antes do tudo,
Havia o nada.
O nada existia,
O universo existia.
DEUS é o tudo e o nada,
Antes DELE,
Havia ELE,
Depois DELE,
Existirá ELE.
Antes de existirmos,
Éramos apenas um pensamento,
Um pensamento do CRIADOR.
O pensamento tomou forma,
A forma tomou vida.
Vivemos e aprendemos,
Para chegarmos mais perto do CRIADOR.
Antes de nascermos,
Fazíamos parte DELE,
Depois de nascermos,
Nos afastamos DELE.
Talvez, somente talvez,
Não tenha sido tão bom termos existido.

ÍNDICE

Frases, 13
Introdução, 15
Capítulo 1 – Fuga de si mesmo, 17
Capítulo 2 – Surpresas, 31
Capítulo 3 – Revelações, 45
Capítulo 4 – Selos, trombetas e cálices, 57
Capítulo 5 – O retorno, 75
Capítulo 6 – Dois lados da mesma moeda, 93
Capítulo 7 – Decisões, 117
Capítulo 8 – Uma companheira chamada morte, 145
Capítulo 9 – Caos, 159
Capítulo 10 – A perda da inocência, 175
Capítulo 11 – O reencontro, 189
Capítulo 12 – Nascimentos e mortes, 201

Apêndice, 209
   Avisos Apocalípticos
   Dez pragas judaicas
   Sete selos católicos
   Sete trombetas católicas
   Sete taças católicas
   Sete selos essênios
   Sete trombetas essênias
   Doze avisos apócrifos

Músicas recomendadas, 216
Filmes recomendados, 217
Bibliografia recomendada, 219

FRASES

And if I show you my dark side
will you still hold me tonight?
And if I open my heart to you
And show you my weak side
What would you do?

> Roger Waters
> The final cut

É mais produtivo para a evolução das almas
acreditar naquilo que se sente
do que nas palavras que se ouvem.

> Extraído do livro
> As Dores da Alma
> Psicografado por Francisco do
> Espírito Santo Neto,
> do espírito HAMMED

INTRODUÇÃO

Esta estória é baseada em estudos efetuados de dezenas de profecias de várias religiões, espalhadas pelo mundo.

Videntes, oráculos, bruxos, feiticeiros, magos, sacerdotes de várias religiões e seitas, monges, padres, xamãs, médiuns, etc., todos têm suas crenças e as aplicam da maneira que aprenderam. Cada qual acredita na mesma ENERGIA CRIADORA, porém, de forma diferente. Esta ENERGIA, existe e está dentro de cada um de nós. Se somos a SUA imagem e semelhança, não importa de que maneira a usemos.

Prever o futuro, é muito simples, pois de acordo com a filosofia budista, para saber como será sua situação amanhã, observe o que faz hoje. Se quisermos ter uma vida confortável amanhã, não podemos ficar sentados no sofá hoje.

Da mesma forma, isso acontece com o planeta. Se quisermos saber se o mundo ou a humanidade vão acabar um dia, olhemos para as toneladas de lixo espacial que pode cair em nossa cabeça de uma hora para outra, ou simplesmente, continuemos a observar irmãos matando irmãos em guerras financeiras ou religiosas. Podemos simplesmente olhar para a poluição. Somos o câncer de nosso planeta, e assim como ele pode morrer deste câncer, podemos morrer também.

Não é tão difícil imaginar o porquê de tantas profecias. As pessoas que têm este poder, tentam avisar a humanidade sobre os perigos que corremos, mas não damos ouvido, por sermos incrédulos e racionais demais.

É muito mais confortável e fácil ficarmos sentados e achar que o mundo é plano e palpável, sem o plano metafísico ou fatores paranormais.

Nostradamus previu muitas coisas e tentou nos avisar. Nossa ignorância não impediu o crescimento de uma filosofia destrutiva, como a nazista.

Temos que continuar prevendo o futuro para podermos viver melhor?

Não precisamos viver somente no amanhã. Podemos melhorar o presente, podemos ser mais irmãos, respeitar as crenças e raças dos outros, respeitar nossos limites, antes de agredirmos os outros, etc. Resumindo, seguindo a lei do MESTRE JESUS, *Não façam aos outros o que não querem que façam a vocês.*

Seguindo estes preceitos, o amanhã poderá ser previsto, com muita paz e harmonia.

1 FUGA DE SI MESMO

— Droga, mais um pesadelo, será que isso nunca vai acabar? – Pensa Christopher ao se levantar lentamente da sua cama, para não acordar sua namorada. — Se ela acorda e me vê chorando vai pensar que sou louco ou algo parecido. Estou ficando cansado disso, não entendo o que são estes pesadelos que me atormentam desde muito tempo, aliás, se bem me lembro, desde minha infância.

Christopher enxuga as lágrimas com suas mãos e se dirige à cozinha para fazer um forte café em sua máquina de expresso.

— São quatro e meia da manhã, e não estou nada a fim de dormir. Detesto dormir, pois além de uma enorme perda de tempo, meus terrores noturnos sempre me fizeram ter asco desta atividade, que apesar de vital, não me agrada. – Chris interrompe o pensamento enquanto toma seu café. Vai à varanda de sua casa, onde acende um cigarro e se senta numa rede.

— Chris, Chris, onde está você? – Penélope, que ao colocar o braço onde estava Chris, levanta cambaleante de sono em sua procura.

Ela olha pela janela e observa Chris sentado na rede, fumando seu cigarro observando a brasa e a fumaça e bebendo café, em um estado quase meditativo, não deixando que nada interferisse em seus pensamentos.

— Eu nunca entendi o que ele tem. Percebo algumas vezes que ele acorda assustado e não volta mais a dormir, o problema é que não sei o porquê. Ele sempre foi muito fechado em relação aos seus sentimentos, e sei que dificilmente ele se abrirá. Vou esperar mais um pouco para ver se ele aprende a confiar em mim, caso contrário, vou colocá-lo na parede e forçá-lo a falar. – Penélope se entristece ao ver o namorado tão perto, e ao mesmo tempo tão longe.

— Pen, é você?

— Sou sim, como soube que eu estava aqui?

— Percebi sua presença pelo seu maravilhoso perfume.

— Não estou usando perfume.

— Eu sei, o maravilhoso perfume ao qual me refiro é o seu aroma natural.

— Seu bobo, agora você vai ter que dividir a rede comigo, pois não o deixarei mais em solidão.

— Será um prazer. Deite-se comigo. – Chris abre as pernas e Penélope deita, encostando a cabeça em seu peito.

— Me dá um trago do seu cigarro.

— Você não fuma.

— Eu sei. Quero somente saber o que você observa na brasa e na fumaça.

— Isso nada mais é do que uma forma de focar a mente.

— Um dia você vai ter que se abrir comigo, e neste dia, quero saber tudo sobre quem é você.

— Durma agora, pois hoje é sábado e gostaria de curtir a praia. Sei que se você não dormir, vai estragar seu dia. Durma aqui comigo, e eu lhe faço um cafuné.

— Assim eu não resisto.

Penélope cai no sono quase que imediatamente, deixando o braço cair para fora da rede. Chris afaga os longos cabelos loiros de Penélope e se emociona, acendendo logo em seguida outro cigarro.

— Obrigado por você me amar, pois sem você eu nada seria. Já sofri o suficiente por várias vidas, já fui solitário demais, já morri muitas vezes e muitas mais morrerei, porém, enquanto estiver ao seu lado, e puder voltar para você, não mais sofrerei. – Chris sussurra no ouvido de Penélope, tomando cuidado de não acordá-la, sob o risco de um interrogatório.

O que ele não percebeu foi uma lágrima escorrendo do olho de Penélope, que havia virado o rosto, fingindo dormir enquanto escutava seu amado.

Alguns momentos se passaram e Chris acabou pegando novamente no sono, com Penélope ao seu lado. Ambos dormiram na rede até o nascer do sol, mais ou menos às seis horas.

— Pen, acorda meu amor, o sol já nasceu. Vamos caminhar na praia.

— Tá legal, vai se lavando enquanto eu me espreguiço, e logo vou.

Enquanto Penélope faz seus movimentos de alongamento na rede, Chris a observa enquanto caminha para o banheiro. Ele se lava e coloca seu calção de banho. Penélope o segue e coloca seu biquíni. Chris começa a passar o bronzeador em Pen, depois ela passa o protetor em Chris.

— Se você continuar assim, não vou mais querer ir à praia, fala Chris ao ser esfregado por Pen.

— Eu paro, fala Pen com um jeito sarcástico.

Ambos seguem em direção ao mar.

Lá chegando encontram um casal de amigos, e os quatro caminham juntos.

— Quem diria, vocês acordando cedo para caminhar.

— Para falar a verdade, já estava desistindo, se não fosse a Bárbara.

— É verdade, tive que derrubá-lo da cama com meus pés, senão ainda estaríamos lá.

— Você não se envergonha Alan?

— Minha vergonha ficou na minha cama com meu sono.

Os dois casais caminham e conversam por horas. Alan e Chris andam mais rápido, e deixam as mulheres mais para trás. Elas estão entretidas com a conversa, e deixam seus pares irem mais depressa.

— Vocês podem ir sem se preocupar. Iremos mais devagar e os encontraremos na plataforma.

— Entraremos no mar quando chegarmos lá. Se quiserem, nos acompanhem.

Os homens conversam e caminham rápido se afastando mais e mais das mulheres. Penélope explica à Bárbara sobre o ocorrido, e ela se emociona e se assusta.

— Sabe Pen, eu e Alan, conhecemos Chris há muitos anos antes de você chegar, e nossa amizade se aproximou mais desde que ele foi nosso padrinho de casamento. Ele sempre se abriu conosco e sempre fomos fiéis uns com os outros, em nome desta antiga amizade. Apesar desta cumplicidade, ele é difícil de se lidar, não por ter personalidade ruim, e sim por ser sempre fechado e por carregar um ódio que às vezes se expõe. Vocês estão juntos há seis meses, e sei que ele até agora não explodiu, pois acho que você é o fator que o faz acalmar.

Há muito tempo, ele confessou-nos sobre seus pesadelos e terrores noturnos que o assombram desde sua infância. Veja bem, o conhecemos desde a infância e ele nunca se abriu, esperando mais de quinze anos para isso.

— Eu entendo, mas ele tem que aprender que pode e deve confiar em mim, pois vivemos juntos a dois meses dividindo a mesma cama e nos entregando às maiores intimidades. Não sei o porquê ele não confia em mim.

— Quando ele morou em São Paulo, ele se envolveu em muitas coisas, quero dizer, desde paganismo, até ufologia. Os tempos vagos dos anos de estudo de medicina foram preenchidos por estudos da paranormalidade, envolvendo desde fantasmas e assombrações, até poderes da mente, combustão espontânea, etc.

— O que o levou a estudar isso?

— Você sabe das limitações dele, e sabe que apesar de saudável, ele tem uma doença incurável no sistema nervoso, nada preocupante.

— Eu sei.

— O que o levou a estudar isso tudo, além dos sonhos que o aterrorizam, esta doença foi o principal fator, mesmo porquê como ele confessou, uma vez dentro, nunca mais se sai.

— Não entendi, o que isso tudo tem a ver com o que ocorreu com ele?

— Quando ele era menor, seus sonhos pouco o atormentavam, porém, com o passar dos anos e o aprendizado e aperfeiçoamento de sua mediunidade, os sonhos começaram a ficar mais cruéis e pesados, e quanto mais ele estuda, mais ele se aprofunda e mais ele é atacado. É como uma bola de neve.

— E por que ele não abandona os estudos?

— Acho que isso você mesmo deve descobrir, pois ele não soube nos falar. Vá com cuidado, se você gosta dele, pois aparentemente ele sempre viveu só por não querer envolver ninguém nesta estória. Ele só está com você pois acha que você ainda não está envolvida. Ele tem medo de perdê-la e portanto não quer que você o conheça.

— Você é uma boa psiquiatra.

— Foi para isso que eu me matei por sete anos.

Ambas terminam de falar e apressam o passo, quando avistam os dois pegando jacaré nas ondas.

— Olha lá, Bárbara, parecem duas crianças.

— Realmente, não só parecem, acho que eles são.

As duas amigas dão risada. Elas deixam seus óculos na areia e entram no mar, para acompanharem seus pares.

Após horas de sol e mar, combinam de almoçarem juntos à beira-mar, em um aconchegante quiosque.

— O mar está uma delícia, não concorda Chris?

— Com certeza. Você me acompanha em uma cerveja?

— Sim, e vocês meninas?

— Acompanhamos sim, e obrigado pelas "meninas". Bárbara dá uma risadinha.

Almoçam camarão e cerveja, tudo muito à vontade e bastante farto.

— Sabe, apesar desta praia não ser muito boa, posso facilmente me acostumar com essa moleza, comenta Alan ao se levantar farto da mesa.

— Até eu que sou mais bobinha me acostumaria, retruca Bárbara. — O que farão hoje à noite?

— Não sabemos, mas acho que nada em especial, responde Pen ao olhar para Chris que demonstrava desânimo.

— Vamos nos encontrar, nem que seja para tomar

uma cervejinha e comer alguma coisa. Chamarei meu irmão e você chama o seu, ambos com as esposas.

— Isso eu concordo, será quase como uma festa, responde prontamente Chris ao seu amigo.

Todos retornam às suas casas, para descansarem durante a tarde.

— Chris, você não vai dormir um pouco?

— Não, pois vou tomar um banho, e sei que perderei totalmente o sono. Que mal lhe pergunte, que conversa animada era aquela de vocês duas, a ponto de nos deixarem?

— Nada demais, coisas de mulher.

— Você não está me escondendo nada?

— Se estiver, sei que não sou só eu.

Chris sai de casa abruptamente e volta para o mar, onde passa horas sentado e pensando na vida, coisa que ele mais sabia fazer.

Penélope chora ao perceber o que havia falado, e sabia que aquela não era a hora nem o momento para este conflito, principalmente por causa da noite agitada de Chris. Ela resolve deixá-lo em paz por enquanto, tendo a esperança que por mais cruel que tenha sido, ele a perdoe e se abra, acabando definitivamente com este problema.

A noite começa a cair, e Chris retorna à sua casa. Ele pega o celular e começa a discar vagarosamente, como se tivesse dúvida do que estava fazendo. Penélope abre a porta do quarto e vê Chris, porém não tem coragem de falar nada.

— Alan, eu e Pen vamos nos atrasar um pouco. Ao invés de sete, nos encontraremos às oito. Nos esperem no restaurante e podem ir bebendo sem nós.

Penélope fica contente apesar do breve susto que levou, pois quando ele discou, ela achou que a noite seria cancelada, e ao mesmo tempo, ele reservou local para dois.

Chris se dirige para a rede e acende um cigarro. Ele se senta da mesma forma que estava de manhã, quando Pen o viu.

— Pen, sei que você está acordada. Eu lhe peço para que me acompanhe, pois está na hora de conversarmos.

Penélope sai do quarto lentamente, enrolada em uma fina manta, pois havia esfriado à noite, com um vento sul cortante, e ela estava queimada do sol, aumentando mais a sensação térmica.

— Deite aqui, como hoje de manhã. Não quero ver seu rosto, muito menos seus olhos, pois se eu os vir, não conseguirei terminar de falar tudo o que devo. Qualquer demonstração de emoção me desencorajará. Deixe as perguntas para depois, pois não posso perder o fio da meada.

Ela se desenrola da manta e se deita sobre o peito dele, cobrindo-os. Ele acende outro cigarro, e depois de um breve silêncio, começa a falar de seus problemas. Fala sobre sua infância, e os fenômenos que o acompanharam e ainda o acompanham; sobre ser temido por seus amigos de São Paulo; sobre sua humilhação na faculdade de medicina por estudar o que a ciência não aceita; sobre sua solidão e seu medo de que outros se envolvam e acabem enlouquecendo, da mesma forma que ele. Fala também sobre suas aventuras e desventuras na caça dos fenômenos e criaturas que dominam o interior paulista, além do grupo de ufologia do qual faz parte.

— Eu não tenho a mínima idéia, como você se envolveu com tudo isso? Penélope instintivamente se vira para ele e seu rosto é delicadamente seguro por Chris, impedindo-a de ver seus olhos.

— Eu comecei com um estudo simples, acabando por me enfiar em um buraco sem fim, do qual não posso mais sair.

— Como assim?

— Imagine alegoricamente da seguinte forma. Deuses e demônios, anjos e criaturas do caos estão em cima de um palco, como em um show musical. Eles observam a platéia que está quase completamente no escuro, somente sendo iluminadas por pequeninos isqueiros. De repente, alguns acendem uma chama mais forte, como uma tocha. Os artistas que estão no palco, correm em direção da chama grande, cada um tentando levá-los para seu lado. Vai do livre-arbítrio o caminho a ser seguido.

A humanidade é a platéia no escuro, cada qual tentando evoluir à sua maneira. Quando começamos os estudos das artes mágicas e paranormais, acendemos uma pequenina chama, que chamamos de fé, pois se procuramos por DEUS desta forma, é porque acreditamos NELE e somente queremos entender um pouco mais sobre sua natureza e sobre a nossa, quero dizer, a energia que move o mundo. Enquanto estamos com uma pequena chama, ninguém se incomoda em perseguir-nos, porém agora somos vigiados, podendo nós apagarmos esta chama a hora que quisermos, somente fechando o isqueiro e esquecer que isso existe.

O problema é que pelo tempo que estou envolvido com isso e o tempo que dediquei durante estes anos todos, não mais sou um isqueiro, e sim a tocha, pois pratico a magia e consegui desenvolver minha mediunidade. Quando chegamos nesse ponto, não temos mais volta. Se formos fracos e cairmos para o lado do mal, seremos recompensados rapidamente, porém, sempre se lembrando da maior de todas as regras da magia, a regra do três.

Se formos fortes e seguirmos o caminho da luz, seremos recompensados vagarosamente, talvez em várias vidas a se seguirem, pois o bem deixa que o karma aja livremente. As recompensas são demasiadamente valorosas, sendo válida a espera.

O maior problema é quando não sabemos o que fazer, pois existem dezenas de seres bons tentando nos ajudar, e dezenas de seres maus tentando nos atrapalhar. Temos que ser fortes para agüentarmos as provações que o caminho da luz nos trás, pois quanto mais perto de DEUS chegamos, mais suscetíveis aos demônios ficamos, pois eles atacam com mais afinco. Exemplo disso são os estigmatas verdadeiros, e não os falsos que se apresentam aos montes.

— Que lado você escolheu?

— Você está deitada sobre um imbecil, teimoso e indeciso, pois por mais que eu queira a luz, e dela necessite, não consigo ter os sentimentos que me abririam as portas, o amor e o perdão. Eu amo você, mas não sei como amar os outros, quero dizer, tenho que perdoar, muito mais a mim mesmo do que aos outros, antes de poder amar incondicionalmente.

— Como posso te ajudar?

— Sei que a coloquei em uma situação difícil, e quanto mais você souber e se aproximar de mim, mais risco você corre. Em minha clínica, tenho um esconderijo onde guardo tudo o que tenho e que as pessoas não podem ver ou saber da existência. Eu somente lhe disse isso para que não se preocupe, pois nada tenho guardado em nossa casa na cidade.

A única coisa que eu quero, é que você seja sincera, sem que eu precise entrar em conflito com você. Saiba que eu sofro muito, e carrego muito ódio em meu coração, além de não ter piedade, sendo às vezes cruel, e não sei se um dia conseguirei me livrar disso. Quero somente que você passe esta janta ao meu lado, enquanto pensa sobre o assunto. Ao retornarmos para casa, dormiremos. No dia seguinte, se você não estiver ao meu lado quando eu acordar, saberei qual foi sua decisão e não mais a importunarei. Não me zangarei nem me assustarei com sua decisão, pois já vi e escutei demais para que algo me surpreenda. Sentirei sua falta, mas continuarei vivendo como sempre vivi, só. Não faça nenhum comentário, espero somente sua atitude.

Saiba que não poderei olhar em seus olhos, pois um dos poderes que eu adquiri depois de muito treino e de tanto pedir, é o de poder ler as almas através dos olhos, e hoje não poderei ler nem uma letra sequer.

Penélope se levanta e pega a manta, dirigindo-se para o quarto, vestindo-se. Chris resolve tomar outro banho e se veste em seguida. Eles caminham até o restaurante, pois moravam a um quarteirão de distância. Eles se abraçam, porém não se entreolham.

Ao chegarem, encontram os outros casais sentados, e uma pirâmide de latas de cerveja em cima da mesa.

— Eu falei para Alan que poderiam começar sem mim, porém não disse nada sobre se embriagarem sem mim. Garçom, por gentileza, traga-me um absinto.

— Não temos, o que o senhor gostaria para substituir?

— Um Wild Turkey, uma dose dupla.

— Sim senhor.

— Cara, você vai se embebedar?

— Digamos Alan, que esta noite eu terei que dormir pesadamente.

Penélope escuta e se magoa. Ela pega a mão de Bárbara e ambas disfarçam uma ida ao banheiro, quando na verdade, elas vão para a beira-mar, pois a maré está baixa e podem sentar na areia sem se molhar, apesar do vento frio e cortante.

— Não sei o que fazer, Bárbara, eu sem querer o pressionei e ele se abriu. Existem coisas que nem você me contou.

— Eu sei, não lhe contei pois sabia que você não gostaria, além do fato de não saber explicar em muitos detalhes, o que acredito que ele o fez. Em relação a esta decisão, o que ele pediu?

— Ele me pediu que eu não falasse nada, e se eu não acordar ao seu lado amanhã, ele entenderá?

— O que você vai fazer?

— Não sei Bárbara, eu me sinto magoada por ele não ter falado nada disso antes, ao mesmo tempo que entendo, pois se eu já soubesse, talvez não teríamos continuado juntos.

O problema é que eu gosto muito dele; na verdade, acho que o amo, mas não sei se conseguirei enfrentar o que ele enfrenta, além do fato de que se eu fracassar poderei desapontá-lo.

— Você o conhece e sabe que ele nunca exigiria este sacrifício de você, e por isso ele ocultou estes fatos por tanto tempo. Você deve fazer uma escolha, e independente da sua decisão, saiba que continuarei sua amiga.

— E ele, será meu amigo?

— Tirando sua família e nós, que somos seus amigos de infância, ele se afasta de quem o conhece bem demais, portanto, infelizmente temo em lhe falar que ele se afastará definitivamente de você. Vamos retornar à mesa, e se recomponha, pois sei que ele não pode olhar nos seus olhos, mas pode escutá-la, e sei que ele não quer escutá-la chorando.

— Vocês realmente o conhecem.

— Eu fiz minha tese de doutorado sobre ele, quero dizer, sobre onde termina a loucura e começa a lucidez, ou vice-versa, sobre paranormalidade e outras coisas. Tirei nota máxima. Ele foi um excelente amigo e paciente.

Ambas retornam à mesa, e continuam a beber até mais tarde, quando todos começam a retornar às suas casas. Chris e Penélope se põem a caminhar abraçados.

— Você me magoou com aquele comentário.

— Eu sei, sinto muito. Às vezes sou cruel com as palavras e magôo as pessoas que estão a minha volta. Novamente peço desculpa.

— Não tem problema, minha decisão já estava tomada antes daquilo, e não vou mudar por nada que aconteça.

Os dois entram em casa, e se dirigem para o quarto. Chris meio embriagado e muito cansado, desmaia de sono. Penélope deita ao seu lado, e coloca seu braço embaixo da cabeça dele, abraçando-o.

— Agora que você está dormindo, vou aproveitar e falar uma coisa. Somente saiba que eu vou surpreendê-lo.

2 SURPRESAS

— Nossa, que ressaca, parece que fui atropelado. Chris passa a mão no rosto e olha para o lado. — O travesseiro dela não está amassado, e seu lugar mal está mexido. Acho que me ferrei. – Chris levanta pensativo e triste com o que viu.

Ao chegar no banheiro, se olha no espelho, enche a mão com água e joga no rosto. Ele observa seus olhos muito vermelhos, resolve pingar um forte colírio, causando somente uma imensa dor, porém seus olhos nada melhoram.

— Vou colocar meus óculos escuros e vou para a sala fumar um cigarrinho. Meus olhos estão fracos para a luz. Amanhã vou consultar-me com um oculista.

Enquanto acende um cigarro, caminha vagarosamente para a cozinha.

— Quem será que está aí, estou escutando um barulho, pensa Chris enquanto corre para o quarto e pega sua espada, com a qual pratica Tai-Chi Chuan[1], uma Tantô[2].

Chris desembainha a espada e a segura com as duas mãos em frente ao seu rosto.

— Estou armado e sei usá-la, quem está aí?

— Calma Chris, somos nós. Estamos esperando você para começarmos a caminhar. Hoje é domingo e está um belíssimo sol. Vamos logo. Fizemos um bom e forte café.

— Como vocês entraram?

— Eu deixei.

— Penélope, o quê...

— Eu sabia que iria te surpreender.

— Você não dormiu comigo, onde dormiu? indaga Chris guardando a espada.

— Aqui no sofá. Quando você bebe, além de roncar, você tende a ficar muito agitado, acho que é porque você não consegue acordar de seus pesadelos.

— Acredito que sim. De qualquer forma, você fez de mim o homem mais feliz deste planeta. Chris anda em sua direção, tira os óculos e a beija profundamente.

— Vou me trocar.

— O que você tem nos olhos?

— Não sei, pode ser alguma inflamação. Já coloquei colírio e de nada adiantou. Amanhã irei ao médico.

— Está doendo?

— Nem um pouco, somente não consigo ver com tanta clareza, e principalmente quando está muito claro.

---

[1] ***Tai-chi-chuan*** – *Arte marcial; técnica da longa vida. A arte da meditação em movimento, promove a harmonização das energias Yin e Yang.*

[2] ***Tantô*** – *Espada oriental mediana usada tanto nas guerras como em uma modalidade de Tai-Chi.*

Com a luz forte, me dói um pouco. – Chris vai ao banheiro, e pega seu calção ainda úmido do dia anterior. — Calção gelado, eu detesto isso. Estou pronto, podemos ir.

— Finalmente, brinca Alan.

Os dois casais andam em direção ao mar, e se encontram com seus irmãos que já estão na praia, com os guarda-sóis erguidos e as cadeiras deitadas em posição para tomarem sol.

— Alguém trouxe cerveja?
— Você já se recuperou da ressaca?
— Não, mas estou feliz.
— Então segura Chris.

Tom joga uma lata de cerveja gelada para o irmão.

— Nós vamos tomar banho de mar, algum homem nos acompanharia?

— Não, ficaremos somente olhando a união das duas mais belas criações de DEUS, as mulheres e os oceanos.

— Você está romântico hoje, o que houve?
— Nada demais, Tom. Somente estou feliz.
— Fico contente de saber que minha cunhada está cuidando bem de você.
— Mais do que você imagina.

Eles observam as musas tomando banho de mar, quatro belíssimas mulheres conversando e mergulhando na imensidão do território de Posídon[3].

Chris acende um cigarro, sendo acompanhado por Tom e Carl. Alan ao contrário de Carl, seu irmão, não gosta deste hábito.

---

[3] ***Posídon/ Posseidon/ Poseidon*** – *Deus grego dos mares e oceanos. Deus tempestuoso e vingativo, era muito temido e respeitado pelos seus seguidores. Tinha uma carruagem puxada por cavalos-marinhos.*

Penélope sai do mar e anda em direção de Chris, que a espera de braços abertos. Ela se senta na cadeira ao seu lado.

— Eu gosto de você assim salgadinha. Chris beija a mão de Penélope. — Você não sabe o quanto sou feliz por estar ao seu lado.

— Depois de tudo o que passamos, e depois de você ter confiado em mim, não achei certo abandoná-lo. Até porque, estou completamente apaixonada por você.

— Pena hoje eu não poder ver seus brilhantes olhos, pois não consigo tirar o óculos, a claridade está muito forte.

— Não se preocupe, logo você poderá ler novamente minh'alma.

— Espero ansioso por este momento.

— Me dá um cigarro, estou com vontade de fumar.

— Meu amor, você nunca fumou antes, por que você quer começar?

— Por você. Pois se você pode se matar, você não gosta de mim o suficiente para ficar ao meu lado por muitos anos. Eu não quero viver sem você, portanto, vou começar a me matar aos poucos também.

— Entendi o que você está fazendo, mas eu lhe prometo, que quando eu estiver com a cabeça em ordem, eu pararei. E quanto a você, esqueça, pois um já basta para enfrentar a síndrome de abstinência. Um mal humorado já é duro de agüentar, imagine dois entrando em conflito. Eu lhe peço para que no momento certo, somente me ajude a enfrentar mais esta batalha, que por sinal, é a mais fácil.

— Concordo, só estou preocupada com você.

— Eu tenho certeza disso.

A hora do almoço começa a chegar, e a fome vem com ela.

— O que vamos comer?

— Sugiro que sentemos no quiosque e lá façamos nossa refeição.

— Concordamos, Tom, responde Alan.

Todos se levantam e andam em direção do quiosque. Quando lá chegam, percebem que Chris não está com eles. Penélope levanta rapidamente da cadeira e vai em direção de seu amor.

— Eu não consigo encontrá-lo, me ajudem, grita Penélope aos companheiros, quando chegou ao seu guarda-sol.

— Onde diabos ele se meteu? resmunga Alan. — Eu estou morrendo de fome.

— Logo o acharemos. Não vale a pena fazer tempestade em copo d'água, responde Bárbara, que o conhece muito bem.

Todos correm em direção do mar, e encontram-no lavando os braços.

— Penélope, ainda bem que você chegou. Pegue duas toalhas, por favor.

Todos começam a se acalmar, e Bárbara vê a enorme mancha de sangue que se forma ao redor de Chris. Ela pega as toalhas da mão de Penélope e corre em direção de Chris, espantando a todos.

— Chris, não quis que outros vissem este sangue todo. Acho que está começando.

— Acho que sim. Agora que me abri para o amor, e ele foi correspondido, começou a moldar o que havíamos previsto.

— Vamos sair da água, pois logo os tubarões começarão a chegar.

— Engraçadinha.

Todos se assustam ao ver as toalhas enroladas nos pulsos e manchadas de sangue.

— O que houve meu amor? Você está bem?

— Estou sim. Nada que um bom camarão frito não resolva. Em casa eu contarei mais detalhes.

— Devemos levá-lo ao pronto-socorro, para dar pontos nos cortes.

— Não Pen, de nada adiantará, somente me fará sofrer mais pela dor.

— Bárbara, porque você não nos avisou sobre o corte e o sangue?

— Alan, meu querido, eu sabia que se falasse algo, vocês se assustariam mais do que quando viram as toalhas. Não foi nada demais. Vamos almoçar.

Todos se dirigem calmamente para o quiosque e sentam na mesma mesa. Alan pede camarão e peixes, além das cervejas.

— Acho que os olhos estão diretamente ligados com o que está acontecendo.

— Você é médico, e não sabe o que está acontecendo?

— Tom, meu caro, a ciência na qual me formei, não me deu bases para enfrentar o que hoje enfrento. A acupuntura, apesar de ajudar melhor, não pôde fazer nada. O que enfrento é kármico, e somente meus estudos das ciências ocultas podem me ajudar agora.

— Não sei, acho que devemos procurar um padre, ou um médium, ou algo parecido.

— Não adianta Pen.

— Por que não? Não seja teimoso. Você sempre tenta resolver sozinho seus problemas, às vezes precisamos pedir ajuda.

— Acalme-se Pen, não ádianta porque eu já o fiz, e por isso eu conheço um pouco de cada coisa. O que melhor me ajudou foi ter conversado com um médium, que acabou por se tornar um grande amigo, com o qual ainda mantenho contato constante, apesar dele viver em São Paulo.

Infelizmente ele quase nada pôde fazer por mim, somente me ajudando a interpretar os sonhos.

— O que são estes sonhos, pois você sempre fala deles, mas nunca sobre o que eles mostram e são.

— Não sei se é o momento, e nem se todos devem escutar. Deixe-me meditar sobre o assunto, e hoje à noite no churrasco que vou fazer, eu decido se devo falar. Nem a Bárbara, que acha que conseguiu tirar tudo de mim, sabe totalmente do que está ocorrendo.

A propósito, estão todos convidados para o churrasco. Eu ia convidá-los de maneira melhor, porém eu deixei escapar. Vocês sabem que eu não sei fazer churrasco por ser paulista, portanto solicito a algum gaúcho que se comprometa a tal.

— Tudo bem, eu me encarrego de assar a carne, responde Alan, preocupado com o amigo.

Todos almoçam e passam a tarde na praia, sempre passando protetor a cada duas horas.

No final da tarde, mais ou menos às cinco horas, todos levantam acampamento e dirigem-se às suas casas, para posteriormente irem ao churrasco.

Chris chega em casa, e enquanto Penélope toma banho, ele começa a praticar Tai-Chi com sua Tantô. Ele pratica no quintal atrás da casa para não chamar atenção nem perder a concentração. Ele se perde no tempo.

Penélope termina seu banho, e ainda enrolada na toalha, observa a harmonia dos movimentos de seu amado, ainda que com os braços enfaixados. Ela se apoia na janela sem emitir um ruído sequer. Quando ele termina, se dirige ao banheiro para um longo banho, enquanto seus convidados começam a chegar.

Quando sai do banho, ele pega o celular e liga para o seu amigo de São Paulo, explicando-lhe detalhadamente sobre o ocorrido.

— Amanhã pegarei o primeiro vôo e irei aí para lhe ajudar. Devo chegar aproximadamente ao meio-dia.

— Não há necessidade, amigo.

— Não se preocupe, Chris, eu não sou padre à-toa. Apesar de médium, eu agüento o que se passa aqui, mesmo porque, sou um respeitado pesquisador, e portanto, eles me financiam, sem muitas vezes saber o que estou fazendo, somente confiando em minha palavra, afinal, um exorcista como eu não se encontra facilmente.

— Eu lhe agradeço Justin. Eu o pegarei no aeroporto.

— Na verdade, eu é que lhe devo isso, pois sem você, nada disso seria possível, ou você acha que eu esqueci que foi você quem me ensinou grande parte do que sei hoje?

— Nada somos sem nossos amigos. Você não me deve nada, porém agradeço que você possa vir, pois sua ajuda será de muito valor. Você se hospedará aqui em casa.

— Será um grande prazer.

Chris entra na sala e comunica aos seus amigos sobre o telefonema. Alan já estava em frente a churrasqueira, cuidando da carne, e todos se sentam para conversar e beber. Chris acende um cigarro e se perde observando as faixas em seu pulso, com uma enorme mancha de sangue, nos dois lados do braço.

— Chris, acorde, não fique tão longe.

— Desculpe Pen, depois da janta eu lhes contarei sobre o que vem acontecendo. Depois de anos sem férias, acho que está na hora de uns dias sem trabalhar. Amanhã ligarei para minha secretária e avisarei para ela sobre meu breve afastamento, podendo assim, descansar e ficar mais ao seu lado.

— É bom, pois logo começam minhas aulas, e não passaremos mais tantas noites juntos.

Alan serve a carne, e as mulheres preparam a salada. Todos sentam ao redor da enorme mesa redonda, com o centro giratório. A janta e a conversa estavam muito agradáveis, deixando todos muito à vontade.

Após a janta, as mulheres lavam a louça, e os homens secam e guardam. Chris corre e se fecha no banheiro.

— Não adianta fugir do trabalho, volte aqui.

Após alguns minutos, todos começaram a ficar preocupados com Chris, e começam a bater na porta e a chamá-lo. Não houve resposta.

Tom dá um forte chute na porta e vê seu irmão deitado na banheira, com os pulsos abertos, olhos vermelhos, e a boca cheia de pasta de dente. Todos sentem um odor ruim, e percebem que ele vomitou no vaso sanitário, que apesar de ter puxado a descarga, sujou um pouco a borda.

Penélope desesperada dá uns tapas no rosto de Chris, que imediatamente acorda, ainda sem ter plena noção do que aconteceu.

— Estou bem. A janta não me fez bem, e por isso vomitei. Enquanto escovava os dentes, resolvi ver como estavam os cortes, e acabei desmaiando, acho que de dor, ou algo parecido.

Todos saem do banheiro, permanecendo somente Chris e Penélope. Ele se despe e liga o chuveiro, para limpar o sangue seco em seus braços. Penélope limpa o sangue do chão, e o resquício de vômito que havia ficado.

— Eu lhe avisei que não seria fácil. Ainda está em tempo de você poder seguir sua vida.

— Eu estudo psicologia, e estou no final. Entendo de muitas coisas sobre o comportamento humano, mas não entendo você. Confie em mim, e saiba que eu não vou lhe abandonar, pois eu te amo, e sinto que não estou aqui à-toa. Logo tudo será esclarecido. Chris sai do chuveiro, e após se secar e se vestir, refaz o curativo, mesmo sabendo que tais chagas não iriam cicatrizar facilmente.

Cambaleante, ele é carregado até a sala por Penélope.

— Estamos preocupados com você. Está na hora de nos contar a verdade. Você está extremamente abatido e doente. Apesar de ser médico, não pode se ajudar. O que está acontecendo?

— Tom, para começar, respire e se acalme. Não adianta se preocuparem comigo.

— Somos seus amigos, e estamos vendo você morrer, o que quer que façamos, simplesmente ficar olhando?

— Não Alan, não quis dizer isso. Acho que está na hora de começar a falar. Desde minha infância, tenho pesadelos sobre coisas que nunca entendi, e até hoje não entendo perfeitamente. Pelo que percebi, a maioria dos pesadelos, na verdade, são viagens que eu faço fora do meu corpo, cumprindo alguma missão. Na noite anterior, quando acordei com meus olhos vermelhos, eu havia ido ao inferno para conversar com um demônio. A conversa foi calma e demorada, porém muito instrutiva. Não me lembro de tudo o que foi falado, porém, alguns *flashes* de memória invadem minha cabeça.

A única coisa que foi falada, que eu me lembro perfeitamente, é que eu deveria ir logo embora, pois quanto mais tempo eu ficasse lá, mais seria afetado pela freqüência infernal. Sabemos que a alma é energia, portanto, ela pode ser influenciada por fatores externos. É por isso que meus olhos estão assim, pois fiquei tempo demais lá.

Estava frente a frente com um demônio, em uma cadeira negra e com almofadas de veludo vermelho. Estávamos em uma caverna escura e úmida, sendo refletido na parede, sombras de almas torturadas, e gemidos aterrorizantes. A única iluminação que havia era vermelha, da lava onde as almas eram jogadas.

Durante um bom tempo, nada daquilo me afetava, porém, comecei a sentir um enorme desconforto causado pelo calor. Minha cadeira estava aquecendo e eu começava a transpirar demasiadamente. Até que consegui retornar sem quase nenhuma seqüela. Meu companheiro de conversa não tinha face, sendo substituído por um sombrio buraco negro.

— Eu não imaginava que isso acontecia.

— Penélope, meu amor, na verdade, pelo que sei, nada disso acontece à-toa, e sim por causa das escolhas que fiz antes de reencarnar.

Devo contar-lhes mais uma aventura. Uma noite, eu entrei numa pirâmide no México, uma pirâmide Asteca, vi uma belíssima mulher deitada sobre um altar de sacrifício, altar este, banhado de sangue, porém o sangue não era dela. Quando a vi, corri em meio à multidão que lá se encontrava e tirei-a do altar. Fui atacado por uma multidão de vampiros, a mesma multidão pela qual havia passado. Cada vez que alguma criatura me golpeava, eu sentia uma dor extrema e acordava. Quando voltava a dormir, recomeçava, e assim foi a noite inteira.

Estes são poucos, perto de vários outros da mesma intensidade.

— Como você escondeu isso de nós por tantos anos?

— Não foi fácil Alan, porém agora sei que entendem o que passei e passo, pois eu me fechei em um mundo próprio para que mais ninguém se machucasse.

Dezenas de outros sonhos me avisaram sobre o que viria a acontecer comigo. Acho que a maioria dos sonhos são na verdade, visualizações do meu futuro, presente este, dado a mim pelos anjos e mestres.

— O que são estas marcas no seu braço?
— Alan, estas marcas são os estigmas.
— Bárbara está certa, estas marcas são estigmas de JESUS.
— E por quê?
— É simples Alan. Quando comecei a enlouquecer, comecei a procurar explicações para os sonhos e premonições. Foi nessa época que encontrei o padre Justin.

Quanto mais perto de DEUS chegamos, mais tentados somos pelas criaturas do caos, ao mesmo tempo que somos testados, através da dor e de nossa fé.

— Ele não é médium?
— É um pouco complicado, mas ele é padre exorcista. Um dia, eu estava extremamente perturbado, e fui à igreja simplesmente para tentar encontrar um pouco de silêncio. Não me sinto bem em igrejas, porém, o silêncio me fazia muito bem. Um padre sentou-se ao meu lado, e puxou uma conversa. Foi quando ele me disse que sabia sobre mim e que me esperava há muitos anos. O padre era Justin, que acabou se tornando um grande amigo e pesquisador. Estudamos ocultismo e tudo mais que se possa imaginar.

— Existe mais alguma coisa que devemos saber?
— Sim Pen, existe sim. Quando morei em São Paulo, conheci uma garota. Eu passava por uma fase onde estava sendo levado ao lado negro. Estava quase louco. Esta garota era uma sacerdotisa dos vampiros.

Ela era uma fiel serva daquelas criaturas, freqüentando rituais macabros, comendo carne crua, e tudo mais que já sabemos. Quando a conheci, eu estava confuso e solitário. Envergonho-me em dizer que ela engravidou de mim, fugindo logo em seguida.

Pagarei um alto preço por este ato insano, pois a filha de uma vampira com um feiticeiro, será muito poderosa. Tenho somente duas opções para este caso. Ou eu encontro esta criança e a educo da minha forma, ou eu a mato.

Nada mais tenho a falar neste momento. Os demais detalhes serão passados à vocês no momento exato.

Não se ouve nenhum comentário, podendo ser escutado as respirações ofegantes dos presentes.

— Há quanto tempo foi isso?

— Perdi a conta.

— O que podemos fazer para ajudar?

— Por enquanto nada meu amor. Eu tenho uma missão a cumprir, porém não tenho certeza do que é. Eu e Justin estamos cuidando dos detalhes. Informarei a todos sobre o que irá ocorrer.

Todos se levantam, ainda estupefatos, e se despedem, indo embora. Penélope entra no quarto e se deita. Chris acende um cigarro e senta na varanda, terminando de tomar os últimos goles de cerveja.

Penélope acaba pegando no sono, e Chris resolve dormir na sala.

3 REVELAÇÕES

— Bom dia Pen, como você dormiu?
— Acho que dormi bem, não sei ao certo, pois parece que eu levei uma surra.
— Não se preocupe, ainda é muito cedo, volte a dormir. Vou até a cidade pegar Justin, e logo em seguida retornaremos. Acho que dará tempo de retornarmos para almoçar, porém não estou certo do horário.
Ligue para Bárbara e Alan e vá com eles caminhar na praia, até mesmo, porque você precisa pensar sobre ontem.
— Nada mais preciso pensar. Ficarei ao seu lado e enfrentarei o que for necessário.
— Eu te amo, agora volte a dormir.
Chris dá um beijo na testa de Penélope e afaga sua cabeça, fazendo com que logo pegue no sono novamente.
Chris pega o carro e se dirige até o aeroporto, que fica aproximadamente cem quilômetros da praia. Por ser cedo, Chris

aproveita e vai ao seu consultório para pegar alguns utensílios que ele e Justin necessitariam, além de alguns livros.

Chris se dirige ao aeroporto, e lá chegando espera o amigo na lanchonete tomando um café e fumando um cigarro, enquanto lê o evangelho essênio, na parte dos fragmentos do Apocalipse e trechos do Apocalipse da Bíblia, mais precisamente Apoc. 6, 7, 8, 9, 10, 11.

Quando o avião pousa, Chris vai ao encontro do amigo, que espera por sua mala. Ao se encontrarem, se abraçam e se felicitam como se há muito não se viam.

— Justin, você poderia ao menos não ter vindo de batina.

— Na verdade Chris, as aeromoças me tratam melhor sabendo que sou padre.

— Entendo, só espero que você tenha trazido roupas de banho, pois a praia está maravilhosa.

— Com certeza, vim para curtir um pouco.

— Vamos indo, pois Penélope já deve estar fazendo o almoço.

— Uma comidinha caseira para variar. Acho que vocês vão me acostumar mal.

— Você nem imagina o que te espera.

Ao entrarem no carro, colocam a mala no banco de trás, e começam a viagem de retorno à praia.

— Não pude deixar de perceber que você está levando vários livros para lá. Você está bem?

— Sim, estes livros são somente para me atualizar um pouco. Sabe Justin, algo está próximo de acontecer.

— Eu sei. Agora deixe-me ver seus ferimentos.

Enquanto dirige, Chris estende o braço para o amigo.

— Eu lhe peço para que não toque, pois quando é tocado, sangra muito, e eu não quero desmaiar novamente, principalmente enquanto dirijo.

— Pode deixar. Como isso aconteceu, foi precedido ou acompanhado com alguma visão?

— Vou lhe contar detalhadamente. Estávamos deitados na areia da praia, quando resolvemos levantar para almoçar. Enquanto os outros foram na frente, eu fui cumprimentar um conhecido. Ao estender o braço para cumprimentá-lo, percebi estes buracos, porém não sangravam. Ao perceber o que iria ocorrer, corri para o mar, onde mergulhei os braços, na esperança que meus amigos me encontrassem logo.

Comecei a ver JESUS andando acima da águas, vindo em minha direção, desaparecendo logo em seguida.

Este estigma não veio com dor ou sofrimento.

— Interessante, pois são poucos os casos sem dor. Acho que deve ser algum tipo de aviso.

— Somente espero que pare por aqui.

— Ninguém jamais recebeu os cinco estigmas, não se preocupe, pois não deve ser nada demais.

Ambos chegam na praia e se dirigem à casa de Chris, passando primeiro pela Avenida Beira-mar, onde poderiam apreciar a paisagem.

— Olha, espero que não seja castigado por este comentário, mas como as mulheres daqui são lindas.

— Justin, às vezes acho que as musas da antiga Grécia resolveram reencarnar neste lugar.

— Sua esposa é assim?

— É, mas não é para o seu bico. Ambos dão uma gargalhada, que logo é interrompida por mais uma indagação de elogios que Justin faz sobre as belas mulheres.

— Calma Justin, lembre-se de quem você é, e do que você é.

— Sou padre, mas não cego. O que é bonito é para ser apreciado, e é somente isso que eu faço. E pára de fazer o papel de meu chefe.

— Eu estou brincando. Na verdade, não sei como você agüenta. Chegamos ao meu humilde lar.

Deixe que eu pegue sua mala e os livros. Fique à vontade.

Chris chama Penélope e apresenta o amigo. Ao perceber que Alan e Bárbara também estavam lá, ele os chamou, apresentando Justin à todos.

— Você ficará naquele quarto. Lá tem ventilador e mata-mosquito. A cama já está arrumada. Fique à vontade.

— Vou trocar de roupa antes de almoçar.

— Espero que o senhor goste de frango no espeto, fala Penélope acanhada pela presença de um padre.

— Meu bem, apesar de usar a batina, tenho somente trinta e cinco anos, portanto me chame de Justin, e adoro frango.

— Tudo bem, Justin, temos um delicioso vinho para acompanhar.

— Adorei, agora se me derem licença, vou me trocar e logo venho. Justin entra no quarto e se troca.

— Espero que gostem dele, pois somos grandes amigos.

— Como ele se tornou exorcista pela igreja com tão pouca idade?

— Na verdade não sei Alan, nunca lhe perguntei. Acho que ele é um prodígio, pois, além de ter estudado na Itália, era o melhor da turma. Também ajudou o fato de seu pai ter sido um grande colaborador da igreja, pois dinheiro é o que menos falta para a família dele.

— Estou de volta e pronto para almoçar.

— É bem melhor ver o senhor mais confortável, quero dizer, ver você mais confortável.

— Não se preocupe tanto com isso, pois logo você se acostuma comigo.

— Quanto tempo pretende ficar na cidade, padre?

— Na verdade, o tempo que Chris precisar, pois temos que nos atualizar sobre os fatos que ocorreram nestes últimos dias.

Todos comem e bebem à vontade. Depois do almoço, todos sentam na varanda frontal e conversam, enquanto fumam um cigarro e tomam um licorzinho.

Justin levanta-se e se dirige ao seu quarto, retornando logo em seguida com uma grossa pasta de arquivo.

— Não quero estragar esta tarde tão ensolarada, mas acho que não devemos mais adiar esta conversa. Vamos para algum local conversar em particular.

— Justin, eu confio minha vida a estas pessoas, e eles já sabem de praticamente tudo. Podemos falar na frente deles.

— Você é quem sabe. – Justin abre a pasta. — Meus amigos no Vaticano, me mandaram dezenas de e-mails, e acho que já está começando. Estas notícias não são nada agradáveis, porém, devo pô-lo ao par.

Justin calmamente puxa o primeiro papel e lentamente começa a narrar.

— No Egito, foram encontrados mais de dez mil múmias, assim como no México e Peru. Milhares de pessoas foram mortas ao tentarem destruir um enorme laboratório americano de clonagem humana, tendo como lema os seguintes dizeres "Jamais devemos brincar de DEUS". No mar Morto foram encontrados pergaminhos que dão a localização exata da Arca da Aliança. Na Inglaterra, acharam o Santo Graal. Na França, encontraram a Dinastia Merovíngia. A Lança original foi encontrada em um templo na Cidade Sagrada. Os cientistas provaram ser verdadeiro o Santo Sudário. Descobriram a Grande Pirâmide do Egito. Acharam Atlântida. Encontraram os treze crânios de cristal.

Não pára por aí, tenho mais dezenas de e-mails sobre morte de pessoas e outros achados pelo mundo. É o Ragnarokk[4], meus amigos.

— Não entendo o que isso tem a ver conosco.

— Pen, deixe-me explicar. Além da Bíblia católica, dezenas de outras culturas e religiões prevêem o começo do fim do mundo. Desde os judeus, muçulmanos, etc., até as civilizações mais antigas, como os egípcios por exemplo.

O que Justin está nos mostrando, são as previsões destas profecias se realizando. O exército de mortos retornarão à Terra, as relíquias sagradas de vários povos serão encontradas, mártires morrerão em nome de DEUS, etc.

— Por que não ficamos sabendo disso?

— O Vaticano não quer que ninguém saiba. O que vocês vêem aqui, pode custar nossas vidas se alguém souber.

— Eu não acredito nisso, você quer dizer que estamos entrando no Apocalipse?

— Não sabemos ao certo Alan. Ficaremos mais atentos aos fatos mundiais, enquanto esperamos mais e-mails de meus colegas. Você trouxe seu computador?

— Meu I-Book está em meu quarto. Entraremos na internet hoje à noite. Solicito à todos extrema cautela com o que vocês viram hoje.

---

[4] **Ragnarokk** – *Guerra nórdica entre os Deuses, demônios e gigantes, que culminou na morte de quase todos, restando somente dois Deuses. Destes dois, nasceu uma nova humanidade.*

O sol ficará escuro, a terra mergulhará no mar,
Luminosas cairão do céu as estrelas!
Espargir-se-á o vapor, e em chamas quentes,
O DOADOR DA VIDA lamberá o espaço.
(A profecia da vidente. – Textos mitológicos de las Eddas de Snorri Sturlusson).

— Não sei se quero saber mais.

— Fica totalmente ao seu critério, Alan. Sei que nada disso é normal nem confortável de se saber, porém, não é nada mais do que a verdade.

— Alan, meu amor, eu ficarei aqui para ver o que está acontecendo.

— No fundo eu sei que quero ficar também, Bárbara, porém não sei se conseguirei.

— Bom, o sol já acalmou um pouco. Acho que podemos ir caminhar e tomar um delicioso banho de mar.

Todos colocam roupas de banho e se dirigem para a praia. Penélope vai para o quarto e em seguida sem dizer uma palavra sequer, se fecha no banheiro.

— Abra a porta meu amor.

— Eu acho que vou vomitar. Me deixe em paz.

— Se você não abrir, eu arrombo. Abra logo.

Penélope abre a porta e se encosta na pia, ficando de frente para Chris, que a abraça imediatamente. Penélope chora.

— Eu lhe disse que não seria fácil, porém eu lhe peço desculpa por não tê-la avisado sobre isso. Eu não sabia que seria tão já.

— Eu acredito mas não quero acreditar. O que devemos fazer para impedir que o fim chegue?

— Somente uma coisa. Impedir o nascimento da primeira criança sem alma, o que sabemos ser um clone.

— Como faremos isso?

— Justin e eu fazemos parte de um grupo de milhares de pessoas que sabem exatamente o que está acontecendo. Devemos aguardar mais fatos para termos certeza do que ocorrerá.

Vamos caminhar para relaxar. Tente livrar sua mente do que vimos.

Todos se dirigem à praia, e caminham por horas, trocando poucas palavras entre si, pois todos estavam interiorizados demais com seus pensamentos. Somente Justin e Chris conversavam alguns detalhes.

— Temos mais seis estigmatas na nossa organização, totalizando sete. Quando algo acontecer, devemos nos comunicar imediatamente com a central para familiarizar à todos sobre o que vai acontecer. Vocês são as antenas.

— Eu sei, e isso me preocupa, pois se cada visão vier acompanhada por um estigma, não sobreviveremos muito.

— Quantos estigmas existem?

— Cinco, somente cinco Pen. O quinto matou o Mestre JESUS.

— Se quisermos sobreviver, temos que impedir o nascimento desta criança antes dos sete selos serem abertos. No meu caso, tenho somente quatro selos. Não estou certo, pois recebi este estigma sem terem aberto os selos, não sei se ele contará.

— Eu gosto cada vez menos desta história.

— Eu sei Alan, eu sei.

Todos retornam às suas respectivas casas. Chegando lá, todos tomam um banho, e em seguida, Bárbara e Alan chamam Tom e Carl com suas esposas, inteirando-os sobre o ocorrido, enquanto dirigiam-se à casa de Chris.

Após apresentarem Justin aos outros casais, todos se sentam em frente ao computador, enquanto Justin conecta-se para receber seus e-mails.

As mulheres se dirigem para a cozinha, onde preparariam a janta.

— Se vocês não nos inteirarem sobre o assunto, ninguém irá jantar.

— Não se preocupe Penélope, só conversaremos depois do jantar. Não abrirei nenhuma mensagem.

Alan pega Chris pelo braço e o leva para a varanda, onde estariam a sós.

— Sei que falei com nossos irmãos sem lhe avisar, e por isso eu lhe peço desculpas, porém, achei que deveria fazê-lo, pois neles podemos confiar nossas vidas.

— Não se preocupe Alan, você agiu certo. Cedo ou tarde eles deveriam saber. Não os avisei pelo fato deles não estarem de férias como nós, e portanto tiveram que passar o dia na cidade trabalhando.

— Pessoal, grita Justin, recebi três mensagens de meus amigos. Depois da janta as abriremos.

Todos sentam ao redor da mesa de jantar e começam a comer e beber. Chris, para quebrar o clima pesado, começa a contar piadas e falar muita besteira, fazendo todos rir. Penélope começa a beber vinho numa quantidade um pouco exagerada, para esconder a ansiedade. A janta parecia demorar uma eternidade.

Após a janta, Chris pega o I-Book e entrega à Justin, que começa a abrir as mensagens. Todos sentam na sala e esperam ansiosamente pelos acontecimentos. Chris vai até o quarto e pega umas folhas grampeadas e se junta aos outros na sala, sentando ao lado de Justin, para melhor acompanhar os fatos.

— O que é isso Chris? pergunta Penélope esperando mais alguma novidade.

— Ontem a noite, eu não conseguia dormir. Eu levantei e comecei a catalogar os avisos apocalípticos encontrados por três religiões, que deram margem à quatro traduções, os apócrifos, essênios, cristãos e judeus. Além dos avisos que foram dados, sobre os quais conversamos hoje à tarde, existem mais dezenas deles, alguns muito parecidos, porém, outros nem tanto.

— Então com isso poderemos ter uma idéia melhor do que está acontecendo. Bem pensado Chris, pois assim nos poupou trabalho de ficar procurando.

— Obrigado Justin.

— Bom pessoal, está na hora de começarmos a ler. Alguns países estão com problema de histeria coletiva. Sapos, gafanhotos, moscas e mosquitos invadem plantações e cidades inteiras. Os animais estão começando a ficar muito doentes. A doença da vaca louca, entre outras, está causando danos irreparáveis. Pessoas estão sendo assassinadas aos montes, assim como alguns poderosos.

— Sinto em dizer que está começando. A histeria e a morte de muitos fazem parte dos avisos apócrifos. A invasão das cidades por animais nocivos, são os avisos judaicos, além da epizootia, quero dizer, epidemia entre os animais. Acho que logo começaremos a perceber mudanças nas águas. Elas se tornarão lodo de sangue e os animais morrerão.

— Como saberemos disso, e porque nada disso está acontecendo aqui no Brasil?

— Para saber, teremos que esperar e observar os avisos dos anjos. Em relação ao Brasil, é por termos o menor karma regional do mundo, porém não se iluda Alan, pois logo começaremos a sentir as conseqüências.

Todos conversam por horas, quando então, começam a se retirar. Justin entra em seu quarto e começa a rezar, ajoelhado em seu pequeno e improvisado altar, onde possui uma enorme cruz, que trouxe na mala.

— Meu amor, acho que você bebeu um pouco demais.

— Eu sei que sim, é que eu estou um pouco nervosa.

— Eu entendo perfeitamente. Vamos sentar na rede e ficar abraçados, somente abraçados.

— Gostei da idéia. Vou pegar uma colcha para nos cobrirmos.

Chris deita-se na rede e Penélope deita por cima dele, encostando seus cabelos dourados no peito do amado.

— Como estão os cortes?

— Eles estão secos, porém, longe de cicatrizarem.

Chris abraça Penélope por baixo da colcha e afaga sua cabeça e cabelos, fazendo-a adormecer; fica mais alguns minutos acordado, enquanto fuma seu cigarrinho e pensa na vida, ou melhor, na morte, pegando no sono logo em seguida.

SELOS TROMBETAS E CÁLICES

4

— Não. – Grita Chris, acordando Penélope e Justin.

Justin corre até a rede e encontra Penélope ajoelhada ao lado da rede, tentando em vão, estancar o sangue que corre dos braços de Chris. Num ato desesperado, ela dá fortes tapas no rosto de Chris para acordá-lo e tirá-lo do transe. Justin a segura e a impede de acordá-lo.

— Me largue, tenho que ajudá-lo.

— Se você realmente quiser ajudá-lo, deixe-o em paz. Esperemos o que vai acontecer, pois nada podemos fazer. Se o acordarmos poderá ser pior.

Penélope abraça Justin e chora copiosamente. Os braços de Chris estão caídos e encostando no chão.

— O primeiro selo foi aberto, a

trombeta está soando, e o cálice está sendo derramado. DEUS, perdoe a humanidade, grita Chris, com uma voz sofrida e sentindo muitas dores.

— Onde estão as anotações dele.

— Penélope, eu sei do que ele está falando, começou o apocalipse.

Chris acorda chorando de dor, sendo imediatamente abraçado por Pen, que o ajuda a levantar e o leva para o banheiro para limpar o sangue de seu corpo e suas roupas.

Justin pega a mangueira e limpa a varanda, posteriormente ateando fogo na rede completamente ensangüentada.

Enquanto Chris deita na banheira, Penélope lhe dá banho, deixando-o submerso na água.

— Pen, chame Justin, por favor.

Penélope corre para chamar Justin e o vê queimando a rede.

— Chris o está chamando. Por que você queimou a rede?

— Não é a hora de falarmos sobre isso, mais tarde eu lhe contarei.

Justin vai até a porta do banheiro.

— Justin, conecte-se com seus amigos e descubra o que os outros seis viram.

— Imediatamente.

Enquanto Justin pega o computador e entra na internet, Penélope conta à Chris sobre a rede.

— Não se preocupe, ele sabe o que faz.

A boa notícia é que o primeiro estigma se repetiu, só que desta vez, com extrema dor e com visões da crucificação.

Chris desmaia de fraqueza.

— Justin, devemos levá-lo ao hospital. Ele precisa de uma transfusão imediata. Penélope grita enquanto faz novas ataduras.

— Não adiantaria, somente o faria piorar. Se colocarmos outro sangue em seu corpo, poderemos matá-lo. Seu sangue é puro, não podemos maculá-lo.

— Pen, me ajude a levantar e me leve para o quarto.

— Ainda bem que você acordou, achei que eu estava te perdendo.

— Meu amor, só os bons morrem jovens.

Penélope pega um robe vestindo-o e o ajuda a ir para o quarto, deitando-o na cama.

— Meu amor, eu preciso de um cigarro.

— Eu pego.

Penélope vai até a sala e vê Justin extremamente preocupado.

— O que foi?

— Os outros viram exatamente a mesma coisa.

— Não é isso que te assusta, o que é, me fale.

— Pegue o cigarro dele e vamos conversar no quarto, pois acho que ele deve escutar isso.

Penélope acende o cigarro e coloca na boca de Chris, que se assusta com a presença inesperada de Justin.

— O que foi agora?

— Tenho mais péssimas notícias.

— Não tarde mais a falar, nada pode ser mais terrível.

— Temo que sim, pois o que antes achávamos ser lenda, hoje confirmou-se verdade.

Quando os pretorianos[5] mataram JESUS, eles foram amaldiçoados por centenas de pessoas, entre eles, os seguidores fiéis de CRISTO, os judeus, es-

---

[5] **Pretorianos** – Guarda real dos imperadores romanos.

sênios, etc. Esta maldição resultou em uma trágica seqüência de reencarnações, onde os espíritos dos pretorianos nunca mais se esqueceriam do sofrimento que causaram e começariam a sentir as dores de CRISTO, durante todas as vidas, desde a infância até a vida adulta.

Outro fato é que eles morreriam sempre com a mesma idade que o MESTRE morreu, com 33 anos.

— Interessante esta estória, porém, o que isso tudo tem a ver conosco?

— Com a internet, eles começaram a se descobrir e se unir, através de um site promovido pelo pretoriano que matou JESUS com a lança. Por mais que a igreja tentou impedir, de nada adiantou. Hoje eles estão unidos e lutam pelo fim.

— A estória das egrégoras.

— Que estória é essa Chris, pergunta Pen curiosa.

— Diz uma lenda que no final dos tempos, quando os Deuses virariam as costas para a humanidade, todas as egrégoras formadas no passado tornariam a se formar. Os pretorianos, os sacerdotes de Ísis[6], as sacerdotizas de Apolo[7] do

---

[6] **Sacerdotes de Ísis** – *Para que Ísis abandonasse o Egito, indo para a estrela Sírius, um portal foi aberto. Quando Ela entrou no portal, uma Deusa maldita tentou entrar, sendo impedida pelos sacerdotes, que encostaram no portal e sugaram sua energia. Cada um dos mais de cem sacerdotes foram jogados para diferentes tempos e países, cada um carregando a energia do portal dentro de si, onde quer que fossem. No final dos tempos, estes sacerdotes irão se reunir, podendo desta forma reunir suas energias, abrindo assim o portal, para que desta forma, possam trazer os Deuses que lá se encontram.*

[7] **Sacerdotizas de Apolo** – *São mulheres que sob o efeito de algumas ervas, entravam em transe e se comunicavam com o Deus Apolo, podendo desta forma, proferir oráculos, muitas vezes, enigmáticos.*

templo de Delphus[8], os Nauallis[9], as Bacantes[10], clãs de vampiros e licântropos, etc., alguns para o bem, outros para o mal. Assim o TAO[11] permanece intacto e inalterado.

— Isso envolve sua filha?

— Infelizmente sim.

— E por que ele queimou a rede, eu poderia simplesmente lavá-la.

— Não. O sangue deve retornar à Mãe Terra, não podendo ser usado pelos nossos inimigos. Quando ele lavou, jogou o sangue no gramado, e assim o fez com as cinzas da rede que possuía meu sangue. O sangue de um estigmata é uma arma poderosa nas mãos de nossos inimigos.

— Existe mais um pequeno detalhe.

— O que foi agora Justin?

— Meu caro, os pretorianos estão tentando matar os estigmatas.

— Existe mais alguma notícia boa que você queira partilhar?

— Deixe de ironia Chris, temos que avisar nossos amigos e escondê-lo.

---

[8] *Delphus* – Templo grego onde eram proferidos oráculos através das sacerdotizas, que se comunicavam diretamente com o Deus Apolo. Acredita-se que originalmente este templo pertencia à Deusa Gaia. Na entrada do templo, conhecido como o "umbigo do mundo", havia a seguinte inscrição: "conheça-te a ti mesmo".

[9] *Nauallis* – Sacerdotes dos Deuses mexicanos. Feiticeiros negros que faziam sacrifícios aos Deuses, sendo muitos destes Deuses, Feiticeiros atlantes.

[10] *Bacantes* – Sacerdotizas do Deus Baco/Dionísio, guardadoras de seus mistérios.

[11] *TAOísmo* – Filosofia TAOísta escrita por Lao-Tsé, no livro TAO TE CHING. Lao-Tsé era filósofo, conterrâneo e contemporâneo de outro filósofo chinês, Confúcio.

— Eu sei Pen, desculpe. Vamos dormir um pouco, e ao amanhecer os avisaremos.

Justin se retira e volta a rezar, pegando no sono logo em seguida. Penélope deita e se vira de lado, sendo abraçada por Chris, ficando na posição de colheres.

Durante o resto da noite, Chris sonha pesadamente, não tendo um minuto sequer de sossego, e ao acordar durante várias vezes, parecia estar mais cansado do que quando foi dormir.

Ao amanhecer, Chris levanta, deixando Pen ainda em um sono profundo. Faz um delicioso e forte café, acende um cigarro e senta na outra rede que ele colocara na varanda. O sol estava nascendo, e Chris observava a magia do momento, lembrando-se das lendas egípcias, sobre como Rá lutava todas as noites com a serpente, e renascia no dia seguinte, explicando desta forma o nascer e o pôr-do-sol.

Penélope ao tentar abraçá-lo na cama, percebe sua ausência. Ela se enrola no lençol e vai até a varanda, pois sabia que o encontraria lá. Ela o observa durante algum tempo sem fazer nenhum barulho, escondida atrás da porta.

— Venha aqui comigo, meu amor.

— Como..., às vezes ainda esqueço das coisas que você faz.

— Venha, vamos ver o fim do mundo de camarote.

— Eu não gosto destas brincadeiras. Vou pegar um pouco de café e já volto.

Penélope vai até a cozinha e começa a chorar em silêncio para não alertar Chris. Ela relembra tudo o que foi falado, além do que ela presenciou.

Ao retornar à varanda, ela esconde os olhos vermelhos de choro e deita-se na rede ao lado de seu amado.

— Eu avisei você sobre os fenômenos que me acompanhavam desde há muito tempo. Está na hora de conversarmos seriamente.

— Do que você está falando?

— Eu quero lhe dizer o seguinte, mesmo que consigamos interromper todos os selos antes da minha morte, os selos abertos já terão cumprido sua sina, quero dizer, grande parte deste mundo estará acabado.

— Eu me recuso a aceitar.

— Nada mais podemos fazer. Temos que ir à São Paulo e impedir o nascimento da criança, somente deste modo poderemos interromper o que já começou.

— Antes de mais nada, temos que nos proteger contra os pretorianos.

— Vamos ao interior de São Paulo, mais precisamente perto de Campinas, pois será lá o local da fecundação da criança, onde o projeto genoma se encontra.

— Como faremos?

— Justin conhece muitas pessoas que atuam do nosso lado, e após saberem sobre os selos, não pensarão duas vezes em nos ajudar. Temos que matar a mãe hospedeira, a criança e destruir todo o laboratório, para que não façam mais essas aberrações.

— Quando partiremos?

— Tenho que confirmar com Justin, mas acredito que não deve passar de dois dias, pois no terceiro já começa a se manifestar os fenômenos.

Justin acorda e encontra o casal abraçado na varanda. Ele sente o cheiro de café e se serve. Abre a geladeira e faz um omelete com dois ovos e queijo. O barulho da frigideira alerta o casal que se levanta.

— Justin, você sabe que isso faz mal, quero dizer, tem muito colesterol.

— Chris, você sabe que o cigarro mata, e além do mais, não sei ao certo se sobreviveremos aos selos, nem se seremos bem sucedidos em nossa missão. Afinal, quem quer viver para sempre?

— Acho que vou fazer um omelete, fala Chris irônico, fazendo todos rirem.

Durante o café, todos sentam ao redor da mesa e conversam sobre sua ida à São Paulo, sobre os amigos que lá encontrariam, e sobre o melhor dia para se viajar, evitando o terceiro dia.

— Me contem por favor, qual o primeiro passo do apocalipse?

— Pen, não sei se devo lhe dizer, porém, acho que não devo mais esconder os detalhes. Basicamente o que acontecerá será uma úlcera nas pessoas, quero dizer, uma doença terrível, algo do tipo peste negra, ebóla, essas coisas. Outro fato é a chuva de granizo e fogo, misturado com sangue, o que pode ser vulcões e lava, cuspindo pedras e o sangue da terra. O ar se tornaria escuro e fétido. As florestas seriam queimadas, assim como centenas de cidades.

— Como você sabe que seria em três dias?

— Me foi avisado nos sonhos.

— No Brasil não existem vulcões, o que vai ocorrer?

— Pelo karma regional bom do Brasil, nem todos os selos terão poder aqui.

— Em compensação, teremos que matar a criança.

— Exatamente.

— Temos que chamar o pessoal e avisá-los do que vai acontecer.

— Eles estão na cidade trabalhando. Vou telefonar ao meu irmão e solicitar que nos compre passagens para São Paulo. Telefonarei aos outros, solicitando a presença de todos aqui, para fazermos um jantar de despedida.

— Vamos nos trocar e ir caminhar, pois Alan e Bárbara logo chegarão.

Todos se trocam e vestem roupas de banho. Enquanto esperam pelo casal, os três sentam-se na varanda. Chris olha para Justin, que faz um movimento com a cabeça, indicando que chegara a hora deles conversarem mais a fundo.

— Eu espero vocês na reta do restaurante, lá na praia.

— Tome cuidado.

Quando Justin se afasta, Chris segura forte a mão de Penélope, que pressente algo desagradável.

— O que você quer me falar?

— Não sei se é prudente que continuemos juntos, pois os fatos futuros mudarão drasticamente nossa vida, e talvez nunca mais tenhamos paz. Solicito que você pense bem antes de decidir me seguir à São Paulo, pois lá chegando, será uma guerra.

— Não acredito que você está me pedindo isso. Agora que eu entrei, não saio mais, além disso, sinto-me mais segura ao seu lado, pois vocês sabem como se virar melhor e como sobreviver.

— Eu lhe agradeço muito, mas ainda lhe peço para que pense muito antes de tomar esta decisão.

Com a chegada de Alan e Bárbara, todos se dirigem à praia e começam a caminhar, após se encontrarem com Justin.

Os três homens ficam para trás e as mulheres caminham na frente. Penélope coloca Bárbara a par dos acontecimentos, e o mesmo ocorre com Chris, que conversa com Alan, informando-o sobre o ocorrido.

— E aí, como foi?

— Sabe Justin, conversei com ela e de nada adiantou. Penélope é uma mulher forte, porém ainda confusa, e insiste em continuar conosco, apesar dos perigos, pois ela se sente mais segura ao nosso lado, e não posso julgá-la por isso.

— Sabe pessoal, ainda não consigo absorver tudo o que vai acontecer, quero dizer, parece coisa de filme.

— Eu sei Alan, porém, observe os jornais, eles mostrarão exatamente o que estamos falando.

— Será que sobreviveremos?

— Se nós não conseguirmos, milhares de outros irão, desta forma, terão a missão de reconstruir este mundo. Voltaremos quase para a Idade Média, e lá permaneceremos por muitas gerações.

— Como posso ajudar?

— Nada mais podemos fazer. Chegou a hora. Apenas evitaremos que mais selos sejam abertos, pois devemos evitar apenas uma profecia para que tudo acabe.

— Você acha justo matar uma criança para que isso acabe?

— Na verdade, esta criança não passará de um monte de carne com um cérebro, pois ela não terá alma. A hospedeira não passa de uma enviada dos agentes do caos, pois ela está querendo ser mãe da criança que será a chave que abrirá as portas do caos. E por fim, os criadores desta criança, brincam de DEUS de forma arrogante e displicente, e por isso devem morrer da mesma forma.

— Não podemos ser os julgadores.

— Se não o fizermos, morreremos de forma igual. Pelo menos ninguém poderá nos acusar de não termos tentado. Além do mais, nos foi dado a oportunidade de mudar algo, e se não o fizermos, pagaremos um alto preço.

— Maior do que se o fizermos?

— Para a humanidade em geral, sim. Para nós, não tenho certeza, porém, se o fizermos com fé de que estamos certos, não carregaremos karma.

— Como assim?

— Os samurais no Japão feudal, não carregam karma das guerras, pois eles acreditavam fielmente no que faziam, e acreditavam estar fazendo por uma causa maior.

— Acho que entendi.

— Sabe, pensando bem, sei de algo que você pode fazer por nós. Se interrompermos a abertura de todos os selos, o litoral não correrá perigo, porém, quando você souber que falhamos, sua missão será de pegar todas as nossas famílias e subir a serra, quero dizer, você deve ir ao ponto mais alto possível, e lá começar tudo novamente. Sei que voltaremos à idade média, porém, é a única coisa certa a fazer.

— Ao chegarmos em casa, faremos uma lista dos nomes das pessoas que eu devo resgatar. Devemos também, pegar um mapa e escolhermos o local do recomeço.

— Excelente idéia, Alan.

— Suas esposas os chamam para acompanhá-las no mar. – Justin chama a atenção de Alan e Chris, ao ver as mulheres no mar, abanando com as mãos.

— Venha conosco Justin.

— Não, Chris, aproveitem o quanto puderem, vou continuar andando para observar a beleza da mulher sulista. E não se preocupe, eu sei que sou padre, mas burro preso também pasta.

— Eu nunca falaria nada. Boa caça.

Depois de horas de divertimento e caminhada, os dois casais retornam, encontrando Justin sentado na areia, conversando com uma belíssima morena, em frente ao restaurante. O casal estava embaixo de um enorme guarda-sol e conversava alegremente.

—Justin, estamos retornando à minha casa, onde faremos um churrasco. Sua amiga gostaria de nos acompanhar?

— Seria um enorme prazer se você nos fizer companhia.

— Aceito sim, Justin. Somente devo ligar à minha mãe, avisando-a de que não almoçarei em casa.

— Ligue do meu celular, quando chegarmos em casa.

— Obrigada.

Quando todos chegam à casa, começam os preparativos para o churrasco, e Lilian telefona à sua mãe. Justin pega Chris pelo braço e vai à varanda.

— Chris, obrigado por tê-la convidado.

— Não fiz nada que um amigo não faria. Ela parece ser um pouco nova para você, mas...

— Eu sei, não se preocupe. Somente quero uma companhia agradável para passar a tarde.

— Obrigado pela parte que me toca.

— Não quis dizer isso, vocês são agradáveis e meus amigos, mas...

— Justin, eu estou brincando. Não se preocupe, você é novo, um dia aprenderá.

— Realmente, eu esqueço que vocês usam muita ironia.

— Vamos ajudar Alan. Para falar a verdade, a presença dela, quebra o assunto mais pesado.

Enquanto isso, Lilian continua tentando telefonar, porém, sempre caindo a ligação.

— Consegui, finalmente, pensa Lilian, já menos ansiosa. — Oi mãe, não almoçarei em casa. Conheci novos amigos que me convidaram para almoçar. Lilian disfarçadamente sai da casa e conversa na varanda. – Mãe, consegui.

— Parabéns filha. Observe e não faça nada. A cabeça de Chris deve ser minha, pois só assim subirei na hierarquia. Seu pai merece a morte.

— Sim, até mais. Lilian desliga o telefone

— Consegui finalmente ligar. Em que posso ajudar, Penélope?

— Pode me chamar de Pen, e já que você insiste, poderia pôr a mesa?

— Com prazer. Mas me digam, qual a história do Justin. Eu me interessei nele.

— Meu bem, isso só ele poderá lhe contar.

— Eu entendo, Pen. Acho bonito vocês convidarem alguém que nem conhecem somente para agradar um amigo.

— Sabe, aqui somos uma grande família, e apesar de conhecermos Justin a alguns dias, ele é muito próximo a Chris, o que o faz membro desta família.

Enquanto Alan cuidava da carne, Chris pegava a cerveja. Lilian e Justin sentam na varanda. Lilian senta na rede e Justin na cadeira de praia, ficando lado a lado.

— Vocês são um pouco estranhos, quero dizer, são muito hospitaleiros com alguém que não conhecem.

— Somos pessoas simples e normais. É que vivemos em um mundo de desconfiança, fazendo com que as pessoas desconfiem dos mais nobres e simples atos.

— Sabe Justin, eu sou de São Paulo, e lá ninguém confia em ninguém.

— Eu também sou de lá, portanto sei do que você está falando. Estou aqui numa espécie de férias, na verdade, estou ajudando Chris, com um problema.

— Este problema tem a ver com a tentativa de suicídio?

— Não entendi.

— As ataduras no pulso dele, não é disso que elas se tratam.

— Não, o que acontece aqui é muito mais profundo. Você quer cerveja?

— Quero sim, obrigada.

Justin pega duas cervejas na geladeira, e retorna à varanda.

— Sabe, você não é comum, é como se você estivesse escondendo algo.

— Na verdade, eu estou. Sou um padre.

— Era bom demais para ser verdade.

— Desculpe fazê-la perder tempo comigo.

— Não me referi a isso, somente que eu estava me sentindo atraída por você, e agora não sei como agir.

— Eu lhe peço para que não deixe que esse detalhe estrague o dia. Eu estou muito atraído por você também. Vamos deixar acontecer.

— A carne está pronta, espero que vocês gostem de malpassado, fala Alan, chegando de fininho para não interromper o casal na varanda, de forma brusca.

— Eu adoro carne crua, quero dizer, malpassada. E você Justin?

— Na verdade Lilian, não sou muito de comer carne, porém, ainda prefiro malpassada.

Todos se sentam ao redor da mesa, e almoçam, tomando cuidado para que o assunto em voga não seja sobre os fato que ultimamente assustam a todos.

Após o almoço, enquanto todos permanecem sentados à mesa, Chris pega um bloco e uma caneta e começa a fazer a lista de nomes que devem ser salvos por Alan.

Justin se retira da mesa e puxa Lilian pelo braço, para que ela não fique perguntando sobre o que é a lista. O casal senta na varanda.

— Ainda bem que Justin a tirou daqui. Temos que fazer esta lista enquanto está tudo fresquinho na cabeça.

— Concordo Alan.

— Que lista é essa, afinal.

— Bárbara, eu dei uma missão para Alan e você. Se falharmos em nossa missão, vocês devem salvar estas pessoas e subir a serra, o mais alto possível. E se não falharmos, talvez vocês ainda terão que fazê-lo, pois não saberemos o que irá de fato acontecer, pois nem todas as profecias são exatas.

— Bem pensado Chris.

— Obrigado Pen. Pegue o mapa por favor. Devemos escolher os melhores locais para que vocês possam ir.

Enquanto os dois casais tomam as decisões necessárias, Justin e Lilian conversam amenidades, cada um contando sobre seu passado.

— Alan, guarde isso muito bem. Agora que terminamos, vamos tomar cerveja e sossegar. Vamos acompanhar o casal de pombinhos lá fora, para que eles não se sintam isolados.

Quando todos sentam na varanda, Alan pega cerveja para todos.

— Desculpem minha curiosidade, mas o que são estes ferimentos em seus braços?

— A curiosidade é nato nas mulheres, por isso não se preocupe. Justin não lhe falou?

— Não.

— Digamos que tenha sido um acidente inevitável.

— Desculpem-me pela minha ignorância, pois cheguei a pensar que tinha sido uma tentativa de suicídio.

— Você não tem do que se envergonhar.

— Justin, semana que vem, estarei indo à São Paulo, você gostaria que eu levasse algo para sua família.

— Agradeço, mas não há necessidade, pois sou órfão.

— Desculpe, outra mancada.

— Não se preocupe, a culpa foi minha por não ter

mencionado antes. Por falar nisso, estaremos indo amanhã para lá, e se você puder nos acompanhar, eu faria questão de sua companhia.

— Que coincidência. Tentarei antecipar minha viagem.

— Pegue o meu telefone e tente conseguir passagem. Viajaremos no vôo das seis horas da manhã.

Lilian se levanta e pega o telefone, ligando imediatamente para a companhia aérea.

— Está tudo saindo como planejado. Só espero conseguir passagem, pensa Lilian – Depois avisarei minha mãe sobre o sucesso desta missão.

Depois de alguns minutos, Lilian retorna dando as boas notícias sobre a passagem que havia conseguido.

— Estou contente, fala Justin, abrindo um sorriso.

Todos passam a tarde conversando sobre amenidades e se divertindo. Com o sol enfraquecendo, todos resolvem caminhar na praia.

Enquanto caminham, conversam sobre o dia a dia, falam besteiras e riem muito, principalmente por estarem alegres sob o efeito das cervejas.

No caminho, encontram Ton e Carl, com suas esposas, e após as apresentações, acompanham a caminhada. Enquanto todos conversam, Justin segura Chris pelo braço, ficando os dois um pouco mais atrás.

— Não sei o que está acontecendo com você, mas eu lhe conheço muito bem. Sei que você está desconfiado, apesar de tratá-la muito bem.

— Sabe Justin, eu me senti muito confortável perto dela, porém, acho que ela possui uma energia muito carregada, apesar de me ser extremamente familiar. O problema é que as coisas estão acontecendo muito rápido, e confesso que estou desconfiado.

Ao mesmo tempo, fico feliz por você estar conseguindo lidar com o que mais lhe incomodava pelo fato de ser padre.

— Eu senti também algo estranho, mas estou atraído por ela. Solicito que não deixe que isso me atrapalhe em nossa missão.

— Não se preocupe, nem que eu tenha que te dar uma surra.

Ambos dão risada e se juntam aos outros. Todos caminham por horas, descontraidamente.

Ao retornarem para casa de Chris, Lilian pega seu guarda-sol e sua cadeira de praia, para retornar à sua casa.

— Deixe que eu te leve.

— Não se preocupe Justin. Eu moro aqui perto.

— Amanhã cedo, Tom virá nos buscar, e passaremos em seguida em sua casa.

— Esperarei ansiosa.

— Você tem certeza que não quer ficar?

— Devo ir, pois tenho que avisar minha mãe e arrumar minha mala. Até amanhã Justin. – Lilian lhe beija delicadamente na boca.

— Até amanhã pessoal, foi um enorme prazer.

— Até amanhã. Todos respondem em coro.

Todos se retiram, ficando somente Chris e Penélope, que começam a arrumar as malas, e Justin, que ainda abobalhado, vai para o quarto para arrumar a sua. Após tudo pronto, Penélope prepara um risoto de aspargo e todos jantam, regados a vinho.

Após a janta, Penélope e Chris deitam na rede abraçados e Justin senta-se na cadeira de praia ao lado. Chris acende um cigarro e continua bebendo vinho, sendo acompanhado por Justin.

Após meia-hora, Justin se retira ao seu quarto, enquanto o casal permanece na rede por mais uma hora e acabam adormecendo.

5 O RETORNO

— Bom dia, meu amor.
— Bom dia, Chris.
— Dormimos novamente aqui na rede.
— É, mas apesar do desconforto, dormimos abraçados. Outra coisa boa é você não ter tido mais nenhum estigma.
— Realmente, mas não sabemos até quando. Por mais que eu queira que fiquemos aqui abraçados, devemos nos levantar para tomarmos um bom banho, um delicioso café e nos prepararmos para a viagem.
— Quem nos levará?
— Pedi para Tom nos levar. Logo ele deverá estar chegando.

Os dois se levantam e seguem ao banheiro. Tomam um delicioso banho a dois, trocando carícias e afagos. Logo saem do banho, e após se vestirem, vão até a cozinha, onde encontram Justin, fazendo ovos mexidos, enquanto coa café.

— Sentem-se, pois estou fazendo o café para todos.

— Fazia muito tempo que eu não o via tão relaxado e alegre.

— Eu sei Chris, não parece magia o fato de eu ter encontrado alguém maravilhosa e que não se importa que eu seja padre.

— Justin, não se ofenda, pois sou seu amigo, mas o que você pretende fazer?

— Não sei ao certo. Vou esperar mais água passar por baixo da ponte, quero dizer, vou esperar para ver onde esta relação vai nos levar.

— Boa sorte meu amigo, fico feliz por você.

Enquanto tomam café, escutam um barulho de carro. Tom entra na casa e encontra todos ainda sentados.

— Você quer um gole de café?

— Não, obrigado Chris.

— Vamos pessoal.

Enquanto Chris e Justin carregam o carro, Penélope lava o pouco de louça que ficou do café.

— Tom, cuide de nossos pais, e não conte à eles o que vou fazer, pois eles são meio descrentes e não aceitarão muito bem. Se falharmos, combinei com Alan como vocês devem agir, pegando todas as pessoas da lista que fizemos e levando-os para um local seguro assinalado no mapa.

Vocês devem pegar um ou mais ônibus para levar tanta gente, porém, ainda terão tempo para tal.

— Não se preocupe Chris, combinarei certinho com Alan.

Todos saem da casa e Chris a tranca, imaginando se um dia voltaria a vê-la, pois sente estar chegando o seu fim.

Entram no carro e seguem até a casa de Lilian, que esperava na varanda. Todos se cumprimentam e logo seguem viagem até o aeroporto.

— Justin, seus amigos nos apanharão no aeroporto?
— Eu os avisei e eles me garantiram que estarão lá. Avisei-os também sobre os pretorianos, e eles tomarão um enorme cuidado.
— O que são estes pretorianos?
— São bandidos perigosos, Lilian. Nada de mais.
— O.k., Justin. O que vocês farão em São Paulo, quero dizer, vocês terão tempo para nos encontrarmos?
— Nós iremos diretamente para Campinas, e lá ficaremos por um bom tempo até conseguirmos resolver um pequeno probleminha. Se você puder nos encontrar lá, seria um grande prazer.
— Justin, não sei se é uma boa idéia, pois o que faremos será meio estranho e não é aconselhável envolver mais pessoas.
— Você tem razão Chris. Façamos o seguinte, Lilian, quando tudo terminar, nos encontraremos novamente em São Paulo.

Todos chegam ao aeroporto, e logo entram no guichê. Despacham as malas e se despedem de Tom, que segue diretamente para o escritório, apesar de ser muito cedo.

— Vocês me dêem licença, pois vou telefonar para minha mãe. Lilian sai rapidamente em busca de um telefone.
— Me desculpe Justin, mas não podemos envolvê-la nisso, pois teríamos que inteirá-la sobre tudo e ver se ela teria fé o bastante para nos acompanhar.
— Você não tem do que se desculpar, pois me deixei levar pela emoção. Quando tudo terminar, sei que ficaremos juntos.
— Tenho certeza disso. Chris abraça Justin, que observa Lilian ao longe, falando com sua mãe.

— Mãe, não deu certo, pois meu pai começou a desconfiar de algo.

— Ele é poderoso, e devemos nos afastar um pouco para não deixarmos que ele consiga descobrir.

Eu estarei no aeroporto e estarei no meio dos pretorianos, que tentarão matá-los. Você não deve me reconhecer, pois quebraria o disfarce, somente tome cuidado e não se aproxime muito de seu pai.

— Eu sei mãe, pois na cabeça deles, a senhora está na praia. Ficarei longe dele, pois por sorte, minha cadeira e de Justin estão longe de meu pai e sua amante.

— Chegando lá, tome muito cuidado para não ser pega no fogo cruzado.

— E se eles sobreviverem?

— Conversaremos. Adeus.

— Adeus mãe.

— Lilian, estamos sendo chamados para embarcar, vamos meu bem.

— Estou indo Justin, responde Lilian pensativa.

Quando minha mãe me contou que meu pai nos abandonou, eu sempre tive ódio dele, mas algo está acontecendo, pois ele não é nada parecido com o que minha mãe pintou. Ele é gentil, amigo, solidário e extremamente sensitivo, o que o torna perigoso para mim. Lilian entra no avião totalmente absorta em seus pensamentos.

Após encontrarem seus acentos, todos se acomodam. Justin e Lilian estavam três filas atrás de Chris e Penélope. O avião decola e começam desta forma mais uma viagem.

Justin logo pega no sono e dorme. Chris e Penélope se abraçam e ficam juntinhos.

— Pen, devo lhe avisar que estou tendo um forte pressentimento de que algo de ruim nos espera no aeroporto.

— Será que são os pretorianos?

— Acho que sim, mas eles não estarão só. Terão uma vampira com eles, e sinto que será minha ex. Só não sei como eles descobriram sobre nossa ida.

— Não se atreva a desconfiar de Justin.

— Jamais, porém de Lilian...

— Concordo, ficaremos de olho.

— Pen, façamos o seguinte, peça para Justin vir até aqui e você senta ao lado de Lilian. Quando confabularmos tudo, vocês voltam aos seus devidos lugares.

— Tudo bem. Penélope levanta e caminha em direção de Justin. Após sussurrar no ouvido de Justin, acordando-o, ambos trocam de lugar.

— O que houve?

— Não se preocupe Lilian, Chris e Justin precisavam acertar mais alguns detalhes antes de pousarmos.

— Desculpe minha sinceridade, mas acho que Chris não simpatizou comigo, o que entristeceria Justin, e conseqüentemente a mim.

— Não se preocupe, pois Chris é assim mesmo. Ele tem um histórico de traições em sua vida, por isso ele demora para confiar em alguém.

— Você poderia me dar um exemplo?

— Sim. Ele teve um caso com uma mulher em São Paulo, e ela fugiu, carregando uma criança em seu ventre, o que arrasou com ele.—Penélope olha profundamente a reação de Lilian. — Acho que desta vez, consegui mexer com ela, pois se eu estiver certa... pensa Penélope, tentando não deixar transparecer. — Chris pode ser sensitivo, mas quando se trata de mulheres, somos muito mais fortes. Acho que ele nem desconfia que esta mulher possa ser sua filha.

— Agora, falemos um pouco de você. O que você faz da vida?

— Digamos que eu trabalhe com arte.

— Que legal, mas o que você faz exatamente?

— Sou caça-talentos. – Lilian mal conseguia se concentrar na conversa, pois seus pensamentos estavam direcionados à estória de traição.

— Acho que consegui fazer com que Lilian pare para pensar, pensa Penélope, deixando a conversa morrer, pois sabia que Lilian deveria pensar sobre o que acabara de escutar.

Enquanto as duas conversam, Justin e Chris confabulam sobre como poderão fugir do aeroporto sem se ferirem.

— Logo que pousarmos, telefonarei ainda da pista de pouso para nossos companheiros, avisando-os sobre nossos inimigos. Deixemos que eles nos achem uma saída.

— Concordo, mas fiquemos alerta, pois eles têm consigo uma vampira, e sabemos que elas são extremamente sensitivas.

— Deixe-me retornar agora ao meu acento para não ficarmos atiçando a curiosidade de Lilian.

— Devemos sair juntos daqui.

— Certamente. – Justin retorna ao seu acento, trocando de lugar novamente com Penélope.

— Você está bem, Lilian? pergunta Justin, ao vê-la um pouco perturbada.

— Estou sim, só estou um pouco cansada, nada com o que se preocupar.

— Foi algo que Penélope fez ou falou?

— Para falar a verdade, o que ela me falou, somente

me ajudou. Volto a lhe falar para não se preocupar, pois logo estarei bem.

    Todos colocam os cintos de segurança após verem os sinais acesos. O avião começa a descida, e fez com que Chris agarrasse fortemente nos braços de sua cadeira.

    — Eu detesto isso. Se eu pudesse nunca mais voaria.

    — Eu não sabia sobre este seu medo.

    — Acabou de conhecer mais um ponto fraco.

    Quando o avião finalmente pára, Chris dá um beijo em Pen. Logo se levantam e esperam Justin e Lilian, tomando o cuidado de ficarem juntos e no meio dos outros passageiros.

    Justin pega o celular de Chris e telefona para seus amigos, explicando-lhes a situação.

    — Eduard, aqui é Justin. Pousamos em segurança, mas sabemos que os pretorianos não nos deixarão sair vivos do aeroporto. Eles têm uma vampira para piorar nossa situação.

    — Você está vendo aquele carrinho cheio de malas?

    — Sim.

    — Ele é um dos nossos. Entregue os seus comprovantes de bagagem para ele, e ele se encarregará de levá-las ao seu destino. Não se preocupem, pois podemos confiar nele, sendo ele meu irmão. Enquanto você vai em direção dele, eu o avisarei sobre sua missão.

    — E em relação aos pretorianos e a vampira? — pergunta Justin enquanto caminha em direção do motorista do carrinho.

    — Não se preocupem, pois arrumaremos uma enorme confusão, enquanto eu os levo para meu carro em segurança. Está tudo sendo arranjado.

    Ao desligar o telefone, Eduard bate no ombro de Willian, dando o sinal para começar a bagunça.

Willian vai até o segurança do aeroporto e fala-lhe que viu vários homens armados, e aponta para os pretorianos. O segurança se comunica com os outros policiais e seguranças, e se aproximam dos pretorianos.

Ao perceberem o que iria acontecer, os pretorianos começam a atirar contra os policiais, começando um tiroteio no saguão do Aeroporto de Congonhas.

Chris e seus companheiros, ao perceberem que a confusão começara, se abaixaram e correram em direção de Eduard, que acenava freneticamente.

Todos saem do aeroporto e entram no furgão de Eduard, um furgão preto e blindado, que ele havia alugado especialmente para a ocasião. Eduard acelera forte, e enquanto se afastavam, ainda escutavam tiros e sirenes de viaturas que chegavam aos montes.

— Vocês estão todos bem?

— Sim. Estamos, obrigado Ed.

— Não fizemos mais nada do que nossa obrigação. Vocês não têm que agradecer.

— Lilian, o que houve, você está bem?

— Sim Justin. Estou um pouco assustada, pois não esperava nada disso, – responde prontamente.

Eles não podem saber que na verdade eu estou preocupada com minha mãe, pensa Lilian cautelosamente, pois sabe que estava no meio de poderosos ocultistas e sensitivos, e sabia que uma falha em sua concentração, seus pensamentos poderiam facilmente ser captados por alguém.

— Então você é o famoso estigmata brasileiro. É uma honra conhecê-lo.

— Quem são vocês? Quero dizer, sei que são amigos de Justin, mas sei que existem muitas coisas por trás de tudo isso.

— Acho que está na hora da verdade. Contaremos tudo assim que chegarmos no hotel, pois passaremos a noite aqui, para montarmos as estratégias e planos de ataque. Amanhã partiremos para Campinas, mais precisamente, para a escola de cadetes, onde a mulher está sendo fortemente vigiada. Ela está morando na casa do tenente na vila dos oficiais, o que dificultará nossos planos.

Onde devo deixar a bela moça?

— Deixe-me na primeira estação de metrô que você encontrar, pois moro na Vila Mariana, e é mais fácil ir de metrô até a estação Ana Rosa.

Eduard pára em seguida, deixando-a descer.

— Na minha mala está o meu endereço. Podem despachá-la pelo correio.

— Farei questão de levar pessoalmente para conhecer sua casa.

— Seria um enorme prazer Justin. Até breve.

Lilian desce do furgão, e Eduard acelera novamente cantando pneu.

— Tenho certeza que encontrarei minha mãe aqui, pois esta é a estação mais perto do aeroporto. – Lilian desce as escadarias e sente a presença de sua mãe, sabendo estar muito próxima.

— Lilian, estou aqui, sussurra uma velha senhora, se cobrindo com um enorme casaco.

— Mãe, a senhora está bem?

— Não, pois levei cinco tiros. Mal consegui escapar.

— E o resto?

— A maioria fugiu, e alguns morreram.

— A senhora tem que resistir até chegarmos em casa, para poder se curar. Venha, eu ajudo a senhora a se levantar para pegarmos o metrô.

— Você está diferente minha filha. O que aconteceu com você?

— Nada com que deva valer a pena se preocupar.

— Você está com a energia mais luminosa. Acho que as influências de seu pai e do padreco mexeram em sua freqüência.

— Não se preocupe mãe. Isso não é nada que não se consiga corrigir. Preocupe-se somente com a senhora, e pare de falar para guardar energia.

Mãe e filha entram no metrô e seguem para casa. Depois de meia-hora, chegam ao seu destino. Elas entram e Lilian coloca sua mãe, já despida, dentro de uma enorme banheira. Ela corre para a cozinha e pega litros de sangue dentro da geladeira.

Enquanto enche a banheira com o sangue, sua mãe, até então desmaiada, começa a recobrar a consciência, à medida que seus ferimentos começam a cicatrizar. A velha bebe o sangue com uma enorme taça ritualística, rejuvenescendo-a.

Lilian fica feliz ao ver sua mãe se recuperando, e sabendo que nada mais poderia fazer, além de esperar, resolve tomar um banho e preparar o almoço.

— Eu deveria ter confiado mais em meus poderes e guias. Eles me avisaram que não seria uma boa idéia mandar minha filha atrás deles. Mesmo assim, cometi este erro. Agora sei que a energia de minha filha está confusa, pois ela deve ter descoberto a verdade. Ficarei quieta, até que ela venha me perguntar, pensa a velha, se arrependendo do erro.

Mãe e filha passam o resto dia esperando notícias dos pretorianos, sobre quantos ainda restavam e onde estariam, e fingem não ter acontecido nada em relação à Chris.

Após deixarem Lilian na estação de metrô, seguem em direção a um discreto hotelzinho, já perto da Rodovia dos Bandeirantes, rodovia esta, que no dia seguinte os levaria até Campinas.

Ficariam o dia inteiro enclausurados no pequeno hotel, onde se encontrariam com mais alguns homens para combinarem as estratégias de ataque. Todos almoçam no hotel, onde, sentados ao redor da mesa, esperavam pela pergunta tão inevitável.

— Afinal, quem são vocês?

— Agora chegou a hora da verdade. Chris, envergonho-me de ter escondido isso de você por tanto tempo, mas pertenço a esta ordem, é uma ordem de padres e monges, que conseguiram os tratados originais dos templários, sem que a igreja tomasse conhecimento. Somos os neo-templários, os monges guerreiros.

— Então, você me pedia para lhe ensinar sobre ocultismo, somente para me enganar?

— Na verdade, eu estava aprendendo para dividir com eles.

— Não sei o que pensar.

— Sei que traí nossa amizade, porém, o fim, neste caso, infelizmente justifica os meios.

— Entendo perfeitamente, somente não me peça para esquecer mais esta traição, pois me sinto como Merlin[12], que ensinou inocentemente sua arte a outra pessoa, e por fim, foi traído.

---

[12] *Merlin* – *Conhecido também como Myrddin, mago arturiano, possível construtor de Stonehange. Apesar de ter sido batizado cristão, ainda possuía poderes magníficos da sua ancestralidade pagã e de seu pai imortal, um demônio. Ele afirmava que ganhou o corpo de seu pai, porém, a alma ele ganhou de DEUS. A frase mais famosa era que o seu maior erro foi ter amado alguém mais do ele próprio se amava.*

— Eu não lhe traí, e nunca o faria. Somente usei seus conhecimentos para fortalecer a ordem. Me perdoe.

— Deixemos que o tempo se encarregue disso, pois se você tivesse me falado a verdade, eu jamais lhe negaria algo.

— Eu sei que agora é tarde, mas...

— Chega dessa briguinha infantil, temos mais coisas a fazer. – Eduard interrompe Justin.

— Vai para o inferno, Eduard. Não gosto de sua atitude e não o elegemos líder. Trabalharemos juntos e de igual para igual. Não aceitarei outras condições.

— Desculpe-me Christopher, não tive a intenção. Acho que me deixei levar pela emoção e ansiedade.

— Comecemos a estudar os planos. É seguro ficarmos aqui nesta mesa, quero dizer, não é melhor voltarmos para os quartos?

— Sim, vamos retornar. Ao chegarem no quarto, trancam as portas de acesso.

— Deixe-me abrir estes mapas e lhes mostrar o que ocorre. Neste local, fica a escola de cadetes, e logo ao lado, a vila dos oficiais, onde a mulher está. Eduard aponta no mapa.

— Todos os dias, a mulher é levada de carro blindado para o departamento de medicina, na UNICAMP, fazendo exatamente este caminho. Eduard risca o caminho com um lápis.

A melhor maneira de pegá-la é dentro da UNICAMP, pois apesar de bem vigiada, ainda é mais furada do que a segurança da escola de cadetes.

— Como faremos?

— Justin, como você sabe, temos alguns padres que lecionam TEOLOGIA, e outras matérias na universidade. Eles facilitarão nossa entrada no campus e abateremos a hospedeira durante os exames.

— Parece ser simples demais, porém, pelo tom da conversa, percebo que não será o fim.

— Você está certo, Chris. Se somente matarmos a hospedeira, simplesmente atrasaremos o projeto. Temos que destruir todo o laboratório e os arquivos em questão.

— Onde estão os arquivos?

— No subsolo. Aqui estão as plantas.

— O que é isso? Eu nunca havia ouvido falar que na UNICAMP havia um subsolo tão grande.

— Na verdade, este subsolo foi construído pelos militares durante seu governo, e somente eles fazem uso de tais instalações. Inclusive, foi lá onde esconderam as criaturas do Caso Varginha[13].

— Você quer dizer ET'S[14].

— Não, na verdade eram EBET'S[15], mas não vem ao caso.

— Como entraremos lá?

— Não o faremos. Deixaremos que eles mesmo se destruam.

— Como assim?

— Sempre que os militares chegam, os alunos pro-

---

[13] *Caso Varginha* – *Caso controverso, onde de acordo com alguns, foi encontrado uma criatura extraterrestre, na cidade mineira de Varginha. Existem mais duas correntes, sendo que uma acredita na captura de três criaturas, outra corrente, acredita na captura de sete criaturas.*

[14] *ET's* – *Extraterrestres. Eles nos visitam há milhares de anos para nos estudar. De acordo com alguns estudiosos, os humanos são uma das mais fantásticas criaturas do universo, fazendo com que sejamos excelentes cobaias, e nosso mundo um enorme laboratório.*

[15] *EBET's* – *Entidades biológicas extraterrestres. São criaturas que não têm inteligência, como se fossem meros animais, como à que foi encontrada em Varginha. São criaturas possivelmente híbridas com missões específicas de recolherem amostras de nosso planeta.*

testam, por acharem errado a clonagem humana. Enquanto nós estivermos ajudando nos protestos, fazendo com que eles permaneçam mais tempo do que o normal, um agente colocará um potente explosivo debaixo do caminhão. Quando eles o guardarem no subsolo, explodiremos tudo por controle remoto.

— E a mulher?
— Você deve matá-la.
— Por que eu?
— Simplesmente, para que você prove sua fé.
— Eu tenho fé.
— Não. Você, no fundo, acha que está certo, mas ainda resta uma ponta de dúvida, se matar, mesmo que pelos motivos que se apresentam, é correto.
— Não devemos julgar. Você tem razão, pois ainda me resta uma pequena esperança que amanhã não chova pedras e sangue, quero dizer, granizo, pedras e lava.
— Não é só. A partir de amanhã, nos isolaremos em um local de quarentena, pois não podemos arriscar pegar uma doença fatal, ou algo parecido, pois nada pode nos impedir de completarmos nossa missão.

Ficaremos alguns dias de vigília, até o momento exato de agirmos. Temos que ser cautelosos com as aberturas dos selos. Não queremos morrer antes de matá-la.

Ao entardecer, as malas chegam. Todos pegam suas bagagens e Justin toma um delicioso banho. Logo em seguida, Justin avisa à todos que está indo levar pessoalmente a mala pertencente a Lilian.

— Tome cuidado.
— Não se preocupe, amigo. Eles procuram somente você. Eu lhe agradeço por se preocupar comigo.
— Não deixaremos de ser amigos, somente não confio mais em você.

— Eu entendo, e por isso, não forçarei a barra.

Ao ficarem a sós, Chris e Penélope enchem a banheira e tomam um banho, fazendo amor submersos n'água.

— Será que esta noite vai ser a última?

— Não, pois sinto que viveremos muitos anos juntos.

— Quisera eu ter este otimismo.

Ela deita entre as pernas de Chris, encostando sua cabeça no peito dele.

— Eu adoro ficar assim com você.

— Eu também. Posso lhe fazer uma pergunta um tanto difícil?

— Pode sim.

— Será que você conseguirá matar a mulher?

— Não sei. Eles designaram um padre, chamado Earl para me acompanhar e me impedir de fugir de minha missão. Se eu não conseguir, ele deve terminar o que eu comecei. Aparentemente ele é um excelente atirador e guerreiro.

— Sinto muito, pelo que você terá que fazer.

— Não sinta, pois, no fundo, fui eu mesmo que me envolvi nesta bagunça.

— E se você encontrar sua filha, o que você fará?

— Não sei qual vai ser a reação dela. Se ela foi criada pela mãe, sei que ela é seguidora de magia negra e vampirismo, mas ainda tenho esperanças. Espero não ter que matá-la, pois se eu for obrigado, não hesitarei em tirá-la do caminho.

Mas, o que você quer dizer com filha?

— Bom, apesar de saber que você não tinha certeza, quando me falou sobre a gravidez, você falou sobre uma menina, quero dizer, uma filha. Acho que acabei me contagiando com sua idéia.

— Você não está me escondendo nada?

— Nada que você queira saber.

O casal sai do banho, após algumas horas e deitam na cama, dormindo logo em seguida.

Durante o trajeto de metrô, até a estação Ana Rosa, Justin pensava sobre muitas coisas, imaginando o futuro pós-apocalíptico; se imaginou amando ardentemente Lilian, imaginou, pela primeira vez, como seria ter um filho.

O tempo passou, e ele só recobrou os sentidos quando o condutor anunciou sua estação, quase a perdendo, pois as portas do metrô são rápidas.

Ao subir as escadarias, segue em direção ao endereço escrito na etiqueta da mala. Chega na frente de uma enorme casa, com um portão todo trabalhado, de ferro retorcido logo no pé da escadaria. Uma casa escura e sombria.

Justin aperta a campainha.

— Mãe, corre para o seu quarto, pois deve ser o padre. Não desça, pois poderá estragar tudo.

— Eu sei, não precisa ficar me aporrinhando com estes detalhes.

— Sobe logo, pois já estou indo abrir a porta.

Lilian abre a porta e desce as escadarias, ao encontro de Justin. Ela abre o enorme portão.

— Boa noite, minha cara, trouxe sua mala.

— Boa noite Justin, fico contente que você veio.

— É muito grande esta casa.

— É herança de meu avô, por parte de mãe.

— Entre, a janta está quase pronta.

— Eu não tinha a intenção de lhe dar trabalho.

— De forma alguma, pois sabia que você viria, e por isso, preparei um jantarzinho, sem nada especial, pois não deu tempo de ir ao mercado. Acabei trabalhando o dia inteiro.

— Tudo e qualquer coisa que você fizer, sei que será bem feito.

— Assim, você me deixa encabulada.

— Você não gosta muito das luzes acesas, não é mesmo? pergunta Justin, enquanto cruza a casa em direção da cozinha, que ficava nos fundos.

— Para falar a verdade, eu fico tão pouco nesta casa, que eu não me atrevo a ficar mexendo. Minha mãe tem a mania de deixar as coisas da forma mais original possível, acabando por não modernizar nada, inclusive a rede elétrica.

— Não me importo, inclusive dá um certo charme.

O casal se senta ao redor da mesa da cozinha, e Lilian serve uma lasanha de quatro queijos. Ela liga o aparelho de som, e coloca o Cd do Era, mais precisamente, as músicas Ameno e Divano. Como o aparelho ficava na sala, as músicas eram escutadas com um pouco de eco, quando o som chegava até a cozinha.

Após a deliciosa janta, o casal se dirige à sala, onde sentam em um antiquíssimo sofá, que ainda era muito confortável.

Após horas de conversa, Justin resolve ir embora, antes que o assunto se tornasse muito íntimo. Ele não se achava pronto para quebrar os votos, ainda mais com a proximidade dos fatos. Ele queria permanecer puro para melhor cumprir seus deveres.

— Devo ir agora. Rezo pela oportunidade de um dia voltar a vê-la.

— Não vá ainda. Lilian abraça Justin, que delicadamente se desvencilha.

— A missão que tenho amanhã, poderá custar minha vida, porém, não posso dar as costas. Se eu sobreviver, venho visitá-la.

— Eu ficarei extremamente feliz.

Justin se despede e sai da casa, pegando o metrô para retornar ao hotel. Lilian derrama lágrimas de sangue enquanto fecha a porta. Seus olhos ficaram negros como a noite e seus dentes começaram a crescer.

Ela corre para o quarto, chorando e se lamentando por ser o que é, e começando a sentir raiva da mãe, por ter mentido por todos estes anos, mesmo não tendo certeza de quem realmente estava falando a verdade.

Justin chega ao hotel, e segue diretamente ao seu quarto, onde se ajoelha e reza pelo dia seguinte, pois, mesmo se forem bem sucedidos, não escaparão de provocar muitas mortes, o que para ele era tão ruim quanto ser omisso. Para ele, não haveria diferença entre os cientistas e os neo-templários.

DOIS LADOS DA MESMA MOEDA

6

— Que noite agitada, mal consegui pregar os olhos. Hoje o primeiro selo será aberto, e todos os países sentirão a fúria de DEUS. A humanidade terá que recomeçar do zero. Hoje rumaremos até Campinas, mas não tenho a mínima idéia do que vai acontecer. Temo por todos os que me acompanham. – Chris, absorto em seus pensamentos, não percebe que Penélope acordara.

— Bom dia, sr. pensativo.
— Bom dia, meu amor.
— Você dormiu bem?
— Sim, como uma pedra. Ela não precisa saber do inferno que foi minha noite, pensa Chris.

— Preciso de um cigarro. Faz muito tempo que eu não fumo. Vou descer até o saguão do hotel. Volto logo. – Chris dá um beijo em Penélope, e se dirige ao banheiro. Após se lavar, desce até o bar.

— Ei, você dos pulsos cortados, quero falar com você.

— Só pela sua abordagem, sei que nada tenho a lhe falar.

— Não me venha com falso moralismo, pois quem tenta se matar, não tem moral de passar sermão em ninguém.

— Olha aqui, seu desgraçado, você vai levar uma surra como nunca antes levou. – Chris agarra o pescoço do rapaz, e começa a apertar, enquanto serra o punho direito para acertar no nariz.

— Pelo que percebi, meu chefe vai ficar contente com sua atitude, pois você ainda carrega muito ódio em seu coração, o que será de muito valor para nosso lado.

— Do que você está falando? – Chris solta o rapaz.

— Sabemos que você tem plena consciência de suas vidas anteriores, e vim para levá-lo conosco.

— Quem diabos é você?

— Não sou ele, mas trabalho para ele, mesmo que por tabela, pois sirvo à um Deus negro, assim como um dia você o serviu. Una-se novamente aos Nauallis, você que foi o maior sacerdote de todos nós.

— Eu os abandonei naquela época, e o farei agora.

— Pense a respeito. Esta egrégora poderá ser formada novamente, sob o seu comando. Pegue este cartão com meu telefone. Me ligue caso mude de idéia. Você tem até o meio-dia de hoje.

— Um outro detalhe, sei perfeitamente quem você é, e digo-te que se você se unir a nós, os pretorianos não mais o caçarão. Eles não sabem onde vocês estão, e assim permanecerão até você me dar a resposta. Deixem a hospedeira em paz. – O rapaz se retira.

Chris não acredita no que houve, e fica pensativo. Ele guarda o cartão no bolso.

No quarto, Penélope levanta da cama, e desconfia que Chris não está muito bem. Ela se dirige ao banheiro, onde toma um refrescante banho. O calor é insuportável, e o ar seco da região incomodava-a, pois, para quem foi criada na umidade do litoral, o interior é uma tortura para as vias respiratórias e pele.

Chris compra o cigarro, e sobe lentamente para seu quarto, pelas escadas. Estava profundamente preocupado com os fatos que estavam por vir. Ao chegar em seu quarto, senta-se em frente à televisão, situada em uma ante-sala, e liga no jornal matutino, na esperança de que os fatos ainda não tivessem começado, e também, desejando de coração, que estivesse enlouquecendo, desta forma, os avisos não passariam de delírios.

— Onde começa a loucura. O que é loucura? Será que somos loucos por termos nossas crenças, ou por não nos encaixarmos exatamente nos padrões sociais? DEUS não nos castigará por erros cometidos, pois se ele nos deu o livre-arbítrio, fazemos o que bem quisermos. O castigo virá pelo nosso karma. Somos quem queremos ser, e que podemos ser. Não sei mais o que estou fazendo ou quem sou. – Chris se levanta do sofá, após perceber que o jornal não havia começado, por ser ainda muito cedo. Ele entra em seu quarto e percebe que Penélope está tomando um banho de banheira. Ele abre a cortina, assustando Penélope, e depois se senta no chão, ao lado da banheira.

— Sei que você não está bem. O que houve?
— Você nem pode imaginar o que aconteceu.
— Foi tão ruim?
— Foi terrível, e ao mesmo tempo, estranho.
— Me conte.

Chris se despe e entra na banheira, sentando-se na outra extremidade, ficando desta forma, face a face com Penélope.

— Vou lhe contar detalhadamente todos os fatos. Apesar de minha idade espiritual muito avançada, somente tenho conhecimento das encarnações que ocorreram depois de CRISTO, até mesmo, porque a proposta da sua morte, foi pagar por todos os pecados do mundo, limpando a sujeira que havia antes dele. Desta forma, nada mais temos a pagar por coisas que fizemos antes de sua vinda.

A minha primeira encarnação da era de peixes, isto é, depois de CRISTO, foi como um Naualli, um mago sacerdote dos Deuses negros da civilização Asteca.

— Então isso é um Naualli?

— Sim, mas ainda vai piorar um pouco. Antes, a civilização Asteca era regida pelo Deus Sol. Um imortal poderoso e bondoso que guardava seus filhos com muito amor, cuidando das chuvas, das colheitas, etc.

Quando o continente atlante foi afundado, muitos sobreviventes se espalharam pelos quatro cantos do mundo. Eram poderosos e sábios, pois, apesar de humanos, ainda possuíam o sangue dos Deuses. Três destes magos atlantes, foram para o México. Eles se uniram e subjugaram o Deus Sol, exilando-o no deserto. Após a vitória, os atlantes se dividiram e tomaram conta dos astecas, fazendo-os construírem mais pirâmides e oferecerem crianças em seus sacrifícios.

— Onde você se encaixa nisso?

— Eu fui o sacerdote-mor de um deles, e era responsável por tirar os corações das crianças e entregar para ele as almas das mesmas com a ajuda de um enorme cajado, este, com um crânio de cristal na ponta.

— Você, o quê? Quem era ele?

— Não mais importa. Com a invasão espanhola, sua pirâmide foi destruída, e ele e seus dois companheiros desapareceram.

— Eu não acredito que você fez isso.

— Pode se zangar, mas isso foi há quase dois mil anos. É hipocrisia achar que nunca fizemos mal à ninguém, nas encarnações anteriores.

— Fazer mal é uma coisa, mas matar crianças...

— Não me venha com falso moralismo, pois se matarmos alguém na rua, mesmo que apoiado por uma crença profunda pessoal, somos assassinos, mas se matarmos dezenas de pessoas em uma guerra, baseada na crença dos outros, ou seguindo ordens, somos heróis.

— No fundo você está certo. Eu estou julgando você sem saber o que eu fiz no meu passado.

— Obrigado, e agora que você parou de me atacar, vou lhe contar o resto da estória.

Eu os abandonei, conseqüentemente, os enfraqueci demais, pois quebrei a egrégora formada sob meu comando. Por mais que tentassem me substituir, não conseguiram mais se fortalecer.

— Eu não sabia...

— Simplesmente não mais agüentava aquela situação. Não queria mais matar inocentes, somente para deliciar um Deus, que na verdade era um mago atlante.

— O que isso tudo tem a ver conosco, quero dizer, você sonhou com isso, ou algo parecido?

— A minha noite foi difícil, porém, simplesmente pelo fato de não ter conseguido dormir. O problema foi quando desci para comprar cigarro. – Chris seca as mãos, e acende um cigarro. — Um Naualli me encontrou no bar do hotel, e me chamou para montar novamente a egrégora, para lutar pelo lado negro. Ele me deu até o meio-dia de hoje para decidir. Eles sabem de nossos planos para matar a hospedeira. Se minha resposta for negativa, os Nauallis nos entregarão aos pretorianos.

— Devemos comunicar isso à Justin e Eduard, pois somente eles podem nos ajudar.

Chris sai da banheira e se veste. Vai até o quarto de Justin, e o encontra caído ao chão, em frente ao seu altar.

— Justin, acorde. O que houve? – Chris dá um tapa na face de Justin.

— Não tenho certeza, mas alguma coisa ontem me enfraqueceu.

— Você está bem?

— Acho que sim.

— Deixe lhe contar uma pequena estória sobre quem encontrei hoje.

Enquanto Chris ajuda Justin a se levantar, ele conta seu encontro com o Naualli e sobre o que poderia acontecer.

— Devemos ligar para Eduard, imediatamente.

— Pen já ligou, e ele está a caminho. Vocês devem arrumar suas coisas e partir para Campinas.

— Como assim, vocês?

— Eu não posso ir, pois se me encontraram aqui, me encontrarão lá também.

— Isso não cabe a você decidir. Vamos nos reunir com Eduard, e enquanto esperamos, vamos ver o jornal para sabermos o que está acontecendo.

Todos se sentam nos sofás e ligam a televisão. As notícias não podiam ser piores. Chuvas de granizo, vulcões, lava, etc., assolavam o resto do mundo, enquanto que no Brasil, ainda nada acontecera. Os hospitais estavam superlotados de pessoas com a peste negra. O caos reinava.

Penélope começa a chorar, e é imediatamente abraçada por Chris.

— Pode chorar a vontade, pois isso é por enquanto o máximo que podemos fazer.

Eduard e sua equipe chegam ao quarto do hotel. Enquanto seus homens ajudam todos a arrumarem as malas, Chris, Justin e ele, sentam para conversar. Justin inteira Eduard sobre o ocorrido.

— O que você acha prudente fazer, Chris?

— Eles me encontraram com magia, e sei que voltarão a me encontrar. Eles são em muitos, e sei que não tenho força o suficiente para bloquear a todos. Acho prudente eu simular uma união temporária para que vocês possam cumprir a missão.

— Concordo, porém, ainda resta o fato de você ter que matar a hospedeira.

— Eu ainda não entendo isso. Por que somente eu posso?

— Não é só você, até mesmo porque, eu designei um companheiro para cumprir a missão, caso você falhe.

— Então, porque vocês insistem nisso?

— São ordens superiores.

— Volto a insistir, o porquê disso tudo? E sei que você sabe.

— Está bem. É a maneira que meus superiores acharam de você pagar por ter ajudado a destruir-nos, no passado.

— Mais essa, agora. Isso ocorreu a mais ou menos oitocentos anos. Vocês nunca me deixarão em paz.

— Sinto muito.

— Eu sei que você não sente, mas pagarei essa dívida. Como faremos?

— Você fica aqui, e nós partiremos para lá, observando e nos preparando. Quando chegar o momento, você foge deles e nos encontra, dando tempo, assim, de cumprir a missão. Pegue este celular e aguarde.

— E Penélope?

— Você deve sedá-la, para que possamos levá-la em segurança, pois sabemos que ela é boa de briga. Dê isso para ela beber. Aqui tem um comprimido de um forte sedativo. Não se preocupe, cuidaremos muito bem dela.

Chris leva o copo de suco de laranja com o sedativo para Penélope.

— Meu amor, beba este suco. Ele lhe fará muito bem.

Penélope bebe tudo, em um só gole. Mal termina de fechar as malas, ela cai em cima da cama, quase adormecendo.

— O que você fez comigo?

— Fiz o necessário. Me perdoe. Os padres cuidarão muito bem de você. Logo nos encontraremos.

Penélope dorme.

— Eduard, mande colocarem seu carro na garagem, e eu levarei Pen.

Eduard, avisa o motorista pelo rádio, enquanto Chris e Justin descem pelas escadas, para não chamarem atenção, pois Chris carrega Penélope em seus braços.

Ao chegarem na garagem, um dos furgões se abre, e Penélope é colocada no banco traseiro. Ela é amarrada com o cinto de segurança, que trava com um pequeno cadeado. Justin senta-se logo ao lado de Penélope. Em seguida chegam os outros homens com as malas e começam a entrar nos carros, num total de cinco furgões, e vinte e cinco padres fortemente armados.

— Protegerei ela com minha vida, se necessário.

— Tenho certeza disso, Justin, tenho plena certeza.
– Chris beija a boca de Penélope, e fecha a porta do furgão.

Quando o carro sai, é seguido pelos outros, e seguem viajem.

Chris sobe ao seu quarto, e liga para o rapaz, dando-lhe a boa nova.

— Fique onde está. Feche a conta no hotel e nos espere. Mandarei um carro aí para pegá-lo. De agora em diante, você ficará aqui conosco.

Depois de meia-hora, um carro chega. Chris entra no carro, que sai em disparada ao seu destino. Favela Naval, em Diadema.

Lilian e sua mãe recebem um telefonema dos pretorianos, avisando-as sobre Chris, e sobre sua situação. Os pretorianos ainda estavam fortes e bem armados. Eles estavam seguindo para Campinas, para tentarem impedir a morte da hospedeira.

Lilian avisa a mãe que está indo se encontrar com seu pai, em Diadema.

— Se você fizer isso, ele saberá quem você é.

— Ele já está do nosso lado, portanto a senhora não mais poderá matá-lo, principalmente ele sendo quem é.

— Eu não acredito nele. Ele é muito esperto, e sei que está aprontando alguma coisa, mas esperarei. Vá e me conte o que está acontecendo.

— Venha comigo mãe.

— Não sei se é uma boa idéia, quero dizer, não sei a reação dele quando me vir.

— Ele não poderá fazer nada, pois estamos todos do mesmo lado.

— Minha filha, sei quem ele é, e devo lhe avisar que ele segue uma filosofia de vida um pouco diferente, o que o torna especial, imprevisível e perigoso. Não confie nele.

— Não se preocupe comigo. Vamos logo, pois estou ansiosa em ver a reação dele ao saber quem sou.

Ao chegar em Diadema, o carro entra em um beco, onde existe um portão eletrônico, que se abre imediatamente.

— Sei que você não tem permissão para falar comigo, mas poderia ao menos ter me avisado onde iríamos parar. Eu não sou muito fã deste lugar.

A motorista olha para trás e dá um sorriso sarcástico. Ela tira o boné e balança os cabelos. É uma belíssima morena, de olhos azuis e cabelos longos e lisos.

— Você não se lembra de mim?

— Não acredito no que estou vendo.

— Obrigada por ter me salvado aquela vez do sacrifício.

— Infelizmente de nada adiantou.

— O que valeu foi a intenção.

— Sei que você foi a escolhida do atlante. Aquilo foi como se enfiassem uma enorme espada em meu coração.

— Ele fez isso, porque sabia que você nos abandonaria. Ele o fez por vingança.

— Sinto muito.

— Não sinta. O que está feito, está feito. Eu lhe perdoei a muito tempo, pois ainda o amo, e nada vai mudar isso.

A propósito, meu nome agora é Luciana.

— Você continua maravilhosa.

Um homem sai do portão e revista o carro.

— Podem entrar.

Eles entram em um enorme galpão. Luciana estaciona o carro no meio, sendo recepcionada pelo jovem que intimou Chris.

— Espero que você tenha gostado da surpresa.
— Gostei muito.
— Meu nome é Paul. Você não me conhece, pois eu entrei para a egrégora quando você saiu. Eu entrei para substituí-lo, infelizmente sem sucesso. É uma honra conhecê-lo.
— Por que aqui na favela?
— Você quer lugar mais seguro do que este, onde a polícia não entra? A população daqui gosta muito de nós, e nos respeitam. Nós os ajudamos em algumas coisas e eles nos ajudam em outras.
— Venha, vou lhe mostrar o lugar. Depois faço questão de irmos almoçar juntos.
— Será um enorme prazer, Lu. Posso chamá-la assim?
— Faço questão.

O casal passeia pelo galpão e pela favela. Luciana apresenta Chris para todos os moradores e chefões da favela.

— Por que todos aqui me temem? Até parece que viram o diabo.
— Eles sabem quem somos e o que fazemos. Já demonstramos nossos poderes a eles. Eles sabem que você é o nosso líder, e conseqüentemente o mais forte, e por isso, você é extremamente temido.
— Sabe, eu acho que posso confiar em você. Não sou quem você acha que sou.
— Eu sei, pois você ainda possui aquele olhar de quem não tem paz de espírito. O mesmo olhar que você tinha no México.

Quanto menos eu souber, melhor será. Eu sofri muito antes e sei que cedo ou tarde você nos abandonará novamente. Também não sou mais quem eu era, porém, se eu não me unisse a eles, eles me matariam, pois eu não sou uma peça-chave, assim como você.

    Deixemos isso de lado, por enquanto. Eu quero curtir todos os momentos junto de você, sem preocupações. Vamos pegar o carro e ir ao Shopping Morumbi, para passarmos o dia juntos e sem preocupações.

    O casal entra no carro, e Chris dirige até o shopping. Ao chegarem, estacionam o carro e entram. Passam o dia caminhando de braços dados e relembrando o passado. Almoçam no enorme shopping. Compram roupas e se divertem nos jogos eletrônicos. Por um instante esquecem de quem são, voltando a ser crianças. Fora do shopping, escutam uma forte e incessante chuva de granizo.

    Em Campinas, os padres se escondem em um enorme mosteiro, um pouco afastado da cidade. Colocam Penélope em uma cama, e partem para a vigília, detalhando todos os fatos e acontecimentos dentro e fora da UNICAMP. Fazem um relatório detalhado, e passam horas estudando-o.

    Ao retornarem à favela, já à noite, Paul os espera.

— Temos uma enorme surpresa para você.

— O que foi agora?

— Siga-me.

    Chris olha para Luciana, que consente com a cabeça, avisando-o que podia confiar em Paul. Ao chegarem no escritório, no segundo andar do galpão, Chris não fica tão surpreso com o que vê.

— Acho que você ainda se lembra de mim.

— Como eu poderia esquecer de uma figura tão asquerosa e mentirosa como você.

— Que grosseria, como você pode falar assim com a mãe de sua filha.

— Sua desgraçada, onde ela está, eu quero conhecê-la.
— Ela está lá fora, esperando que eu a chame.
— Você a transformou em uma vampira?
— Não totalmente, pois ela ainda não matou ninguém. Ela se alimenta normalmente, por enquanto. Ela é especial, pois se desenvolveu duas vezes mais rápido do que uma pessoa normal. Você nem imagina como ela está.
— Eu, um dia, vou fazê-la pagar por ter tirado minha filha de mim. Desde o princípio, eu a queria, enquanto você pensava em abortar, depois, você compactuou com o lado negro e fugiu com ela.
— Pelo jeito, eu não fui a única a compactuar, pois vejo que você se faz presente neste local de devassidão.

Os dois continuam discutindo, sem perceber que Lilian escutava tudo, do lado de fora. Luciana segurava o braço de Chris, para que ele não fizesse nada que pudesse comprometer sua posição, pois, estando todos do mesmo lado, não haveria motivo para vingança.

— Quem é sua amiguinha?
— Esta é Luciana. Ela é uma Naualli.
— Vejo que você está bem acompanhado. Lilian, pode entrar.

Chris range os dentes, ao reconhecer o nome, esperando ser apenas coincidência. Quando Lilian entrou na sala, ela correu em direção ao pai e o abraçou.

— Faz tempo que eu queria fazer isso.
— Eu também. – Chris corresponde ao abraço.
— Você não desconfiou?
— Na verdade, o que senti foi uma energia simpática, porém, com tudo que andava ocorrendo, eu não tinha plena consciência dos meus sentidos.

Paul sai da sala, sendo acompanhado pela vampira. Quando Luciana ia sair, Chris a segura pelo braço.

— Acho que você e sua filha devem ficar à sós.

— Tudo bem, mas por favor, fique por perto. Precisamos conversar.

— Ficarei ali no bar, tomando um refrigerante.

Pai e filha se sentam.

— Não acredito que você estava do meu lado, aquele tempo todo.

— Sabe pai, durante todos estes anos, eu sentia um ódio sem fim, pelo senhor nos ter abandonado. Com o tempo, mesmo que curto, comecei a saber da verdade através de Penélope, e confirmei tudo agora, escutando essa discussão entre o senhor e minha mãe.

O ódio se dissolveu, e sinto uma forte simpatia pelo senhor, porém, agora, me decepciona o fato de estarmos do mesmo lado, pois pressentia que um dia o senhor me salvaria desta imundície, e acabaríamos do mesmo lado. Agora quem vai impedir o clone?

— Aqui não é o local indicado para termos esta conversa. Quando sua mãe partir, avise-a que você ficará mais um tempo conosco. Sairemos eu, você e Luciana para jantar, podendo desta forma conversarmos.

— Se conseguirmos sair desta, compensaremos todo o tempo perdido. Não acredito que você só tenha doze anos.

— Na verdade, o que minha mãe falou é verdade. Me desenvolvi duas vezes mais rápido do que uma pessoa normal. Tenho na verdade, vinte e quatro anos, de corpo e de cabeça.

— Sinto muito pelo que sua mãe lhe fez. Você perdeu sua infância e juventude. Sinto muito mesmo.

— Não sinta. Sou o que sou. Está no meu destino. Espero somente poder me livrar disso tudo. Minha mãe acha que eu gosto de ser o que sou, porém, não sou má.

Sempre achei que tinha puxado para o senhor, mas vejo que estava enganada.

— Não cometa o erro de me julgar antes de me conhecer.

— Desculpe. O senhor sabe que minha mãe quer entregar sua cabeça em uma bandeja para seus chefes, podendo assim subir na hierarquia?

— Desconfiava. Foi por isso que você foi nos espionar?

— Para falar a verdade, eu fui para conhecê-lo. Deixei minha mãe pensar que eu iria para espioná-lo.

— Está na hora de irmos, filha, grita a vampira lá de baixo.

Lilian sai do escritório e avisa a mãe que sairia para jantar com seu pai, e que depois ele a deixaria em casa.

Apesar da mãe não ter gostado, acabou deixando para evitar mais conflitos.

— Venha, vamos nos encontrar com Luciana e sair para jantar. Conheço uma deliciosa e modesta pizzaria no centro, onde ia com minha família, quando era criança.

— Sinto falta disso. De ter uma história com alguém. Sempre fomos eu e minha mãe.

— Não se preocupe, construiremos nossa própria história. Veja lá a Luciana.

— Será que podemos confiar nela?

— Sim, acho que sim, porém, não temos muita escolha.

Pai e filha se encontram com Luciana, e depois de pegarem um carro, seguem até a pizzaria. Lá chegando, sentam-se ao redor de uma pequena mesa, no fundo do restaurante e fazem o pedido.

— Agora acho que está na hora de conversarmos. Filha, sei que você se decepcionou ao me ver no meio deles, porém, fi-lo para despistá-los do objetivo real. O de matar a hospedeira.

— Conosco aqui, quem vai fazê-lo?

— Temos um grande número de pessoas envolvidas neste caso. Conseguiremos impedir a abertura de todos os selos. Não sei quantos serão abertos, porém, faremos o melhor possível.

— E você está nos contando isso porque...

— Porque quero que vocês se unam a nós, Lu.

— Quando será isso?

— Não sei ao certo. Espero uma comunicação de meus companheiros.

— Entre seus companheiros, está Justin?

— Sim filha, o mais fiel dos amigos. O que você sente por ele?

— Não sei, porém, sinto-me muito bem ao lado dele. Na verdade, ultimamente eu estava começando a achar que meu caminho seria seguir minha mãe, até conhecê-los. Ao ver o carinho e amizade que existe entre todos os que conheci lá na praia, comecei a desejar isso também. O senhor me convidou para almoçar em sua casa sem saber quem eu era, simplesmente, pela amizade por Justin e por confiar nas pessoas. Eu nunca tive isso e gostaria de começar a ter.

Luciana observa pai e filha conversando, e fica imaginando se um dia teria alguém para compartilhar sua vida. Ela se levanta bruscamente e vai ao banheiro. Lilian a segue para ver o que estava acontecendo. Ao entrar no banheiro, Lilian escuta um choro atrás de uma das portas das divisórias dos vasos. Ela abre a porta e vê Luciana sentada no vaso com a tampa fechada. A maquiagem estava inteiramente borrada.

— O que foi, Luciana?
— Você não vai querer saber.
— Vou sim.
— Então, aí vai. Eu fui ordenada a espionar seu pai e se ele saísse da linha novamente, eu deveria entregá-lo ao Paul, porém, não consigo. Sei que ele está com outra mulher, mesmo assim, ainda tenho esperança de um dia voltar a tê-lo do meu lado.

— Eu lhe imploro para que não nos traia, pois eu quero ter uma vida normal, apesar de que nada mais vai ser normal, após alguns selos abertos.

Venha conosco, sei que meu pai nos convidou de coração. Não sofra mais.

— Não sei se posso vê-lo nos braços de outra mulher. Nossa ligação é espiritualmente muito antiga e forte. Não sei se quero sofrer assim.

— Fique ao meu lado. Eu lhe ajudarei a suportar os pesares da vida. Confie em mim.

— Tentarei.

Ao retornarem do banheiro, encontram um aglomerado de pessoas ao redor da mesa. Chris estava desmaiado no chão, rodeado de uma enorme poça de sangue.

— Já chamei uma ambulância. Ela já está vindo, avisa o garçom.

— Não dá tempo. Levaremos ele em nosso carro.
— Quem é você?
— Sou filha dele, e me responsabilizo inteiramente por ele.

— Você não tem idade para ser filha dele. Ele é muito jovem.

— Saia da frente seu garçom intrometido. Se você não quer ajudar, não atrapalhe.

Lilian e Luciana pegam as mãos e os pés de Chris e o carregam até o carro.

— Lu, o que faremos agora? Acho que foi mais um estigma. Seus pés estão encharcados de sangue, e os ferimentos dos pulsos também.

— Não podemos levá-lo à favela, tampouco ao hospital. Vamos levá-lo a um daqueles motéis, onde podemos entrar com o carro e esconder na garagem.

— Boa idéia.

Luciana dirige até um motel simples, e escolhe o melhor quarto, pois precisariam de uma banheira para poder lavá-lo.

— Seu melhor quarto, por favor.

— Uma festinha a três. Vejo que seu parceiro está meio apagado. Vocês não gostariam de mais um companheiro? – fala sarcasticamente o porteiro.

Lilian passa por cima de Luciana e segura a gola da camiseta do porteiro, puxando-o para dentro o carro.

— Eu não estou com o mínimo de humor para agüentar gracinhas de um imbecil. Me dá logo esta chave.

— Toma. Tenham uma boa-noite.

Elas entram na garagem em frente ao seu quarto, e fecham o toldo. Elas o carregam para dentro do quarto, e enquanto Lilian o despe, Luciana enche a banheira.

— Você puxou ao seu pai. Vocês têm a habilidade de passar de um carinho para um espancamento em um piscar de olhos.

— Achei que eu tinha herdado isso de minha mãe. É bom saber que tenho algo do meu pai.

— Sua mãe é cruel o tempo inteiro, somente sendo boa com você. Seu pai é a própria representação do bem e do mal em uma só alma. Ele sempre foi assim.

Desde o México. A propósito, você tem muito mais do seu pai do que você imagina. Vamos trazê-lo aqui, a banheira já está quase cheia.

Luciana sai do banheiro e ajuda Lilian a carregar Chris. Ao colocarem-no na água, o sangue começa a limpar, e elas percebem onde foi o segundo estigma.

— Veja seus pés. Parece o mesmo ferimento das mãos.

— Vamos para a cama descansar um pouco. Deixemo-o aqui, e de vez em quando, voltemos para vigiá-lo.

— Será que ele vai ficar bem? Será que ele não precisa de uma transfusão?

— Esperemos ele acordar. Você o ama muito, não é, Lu.

— Mais do que você possa imaginar.

As duas amigas se deitam e começam a assistir os jornais. As notícias são as piores possíveis. O mundo paga um preço altíssimo pelos erros que cometeram. A chuva de granizo, no Brasil, não foi o suficiente para causar danos, diferentemente do resto do mundo. Em compensação, os hospitais fervem de pessoas, mais ainda do que nos dias comuns.

Mal Lilian pega no sono, o telefone celular de Chris toca.

— Alô.

— Quem é você?

— Calma Penélope, sou eu, Lilian.

— Desculpe, é que estou preocupada com Chris. Onde ele está?

— Ele está na banheira.

— Como? Onde vocês estão?

— Em um motel.

— Lilian, vamos começar novamente. O que você está fazendo aí?

— Pen, me desculpe, mas a estória é um pouco longa. Saiba que meu pai está bem. Ele recebeu outro estigma e estamos cuidando dele.

— Eu sabia que ele era seu pai. Mas quem está aí com você?

— É uma outra longa estória. Não se preocupe, eu cuidarei bem dele.

— Eu liguei justamente após saber que os outros receberam os estigmas, e fiquei preocupada. Posso falar com ele?

— Ele está desmaiado. Assim que ele acordar, eu peço para que ele ligue.

— Avise-o também, que quando nos encontrarmos, ele é quem vai dormir por um bom tempo. Ele entenderá o recado. Fale com Justin. Adeus.

— Que surpresa é essa de você ser filha dele.

— É verdade, nem tudo é o que parece ser.

— Deixe-me explicar-lhe a situação. Confie em mim. Não o leve para hospital algum, pois uma mera transfusão, o matará. Ele acordará fraco, mas certamente acordará. Mesmo sendo antes da hora e extremamente arriscado, vocês devem vir à Campinas, onde melhor os protegeremos. Não sei até que ponto você conhece a estória, mas por estarem cuidando dele, acho que devo confiar em você.

Chris sabe o endereço. Saiam o mais cedo possível.

— Não se preocupe. Cuidaremos bem dele. Até amanhã.

— Boa sorte, até amanhã.

Mal desliga o telefone, Chris acorda com um urro de dor e tristeza. Ao seu lado, Luciana o observava e afagava seus cabelos, com muito carinho. A água da banheira estava completamente vermelha de sangue. Lilian corre para ver o pai e lhe falar sobre o telefonema, contando-lhe detalhes do que deveriam fazer no dia seguinte.

— Lu, faça uma gentileza. Ligue para Paul e diga que passaremos a noite em uma danceteria qualquer. Diga-lhe que só retornaremos amanhã, quando o sol raiar. Acho que ele acreditará nisso. Desta maneira, ganharemos tempo.

— Lilian, meus ferimentos foram nos pés, desta vez?

— Sim.

— Vou deixar escorrer toda esta água e tomar um banho para retirar este sangue do meu corpo. Depois farei novos curativos em meus pulsos e pés.

— Antes de entrarmos aqui, vi uma farmácia aqui ao lado. Irei lá para comprar uma caixinha de primeiros socorros. Volto logo.

— Tome cuidado. Do fundo do coração, obrigado. Antes de ir, por gentileza, pegue meu telefone.

— Não me agradeça, pois sou sua filha, e sei que o senhor faria o mesmo por mim. Agradeça Luciana, pois ela foi de muito valor.

Lilian sai do quarto e se dirige à farmácia, logo ao lado, e retorna logo em seguida. Neste meio tempo, Chris liga para a furiosa Penélope e Justin, que se alegram com as notícias de recuperação de Chris.

— Lu, como foi, você acha que ele acreditou?

— Com certeza, ele acha que eu e seu pai vamos tirar o atraso.

— Gostaria que fosse verdade Lu, pois gostei muito de você.

— Obrigada.

Lilian entra no banheiro e entrega ao pai, roupas limpas que achou em sua mala, que ainda estava no carro. Quando colocou a bermuda e a camiseta, Luciana entrou no banheiro para ajudar nos curativos. Chris sentou-se na beirada da banheira e começou a enfaixar os pulsos, enquanto Lilian enfaixava seus pés.

— Obrigado por ter salvo minha vida, Luciana. Eu lhe devo muito. Principalmente por você ter me perdoado.

— Não fui totalmente honesta com você, Chris.

— O simples fato de você estar aqui, e estar nos ajudando, desfez tudo de ruim que iria acontecer. Esqueçamos.

Luciana abraça Chris, quase derrubando-o novamente na banheira.

— O que são estes estigmas, pai?

— Cada vez que um selo for aberto, um estigma avisará.

— Este seria o segundo selo. O que seria? O primeiro nós já sabemos, é só ligar a televisão e assistir os jornais.

— As guerras começarão a tomar proporções mundiais, o mar morrerá, quero dizer, seus habitantes morrerão. Do primeiro, o Brasil é capaz de escapar, quero dizer, o que pode acontecer é mandarem soldados para lutarem fora, pois, por aqui, a única desculpa para a guerra é se os EUA ainda quiserem a amazônia.

Já, o segundo, nosso país sentirá muito, pois grande parte de nossa população depende do mar. As pessoas morrerão envenenadas com os peixes, etc. Acho que o monte do qual João se referia era a estação MIR, que os russos derrubarão no mar. Ela deve estar carregada de combustível e coisas nucleares, além dos fungos espaciais presos na lataria, dos quais ninguém conhece ou pode ao menos prever qual vai ser sua reação no planeta, sendo o suficiente para poluir bastante, além do que já fazemos com petróleo, esgoto, etc.

Luciana e Lilian choram. Chris pega novamente o telefone e liga para Alan, avisando-o sobre o que iria ocorrer em seguida, preparando-o para qualquer eventualidade.

Todos saem do banheiro e se deparam com um enorme dilema. Quem dormirá na cama.

— Vocês duas devem ficar com a cama. Eu durmo no sofá.

— Discordo, pai. Os ferimentos não são brincadeira. Eu fico com o sofá, e não aceito não como resposta.

Chris deita na cama, e Luciana se deita ao lado. Ela o abraça e o conforta. Lilian observa e torce para que eles fiquem juntos. Chris não demora para pegar no sono, por causa da fraqueza, sendo acompanhado por Luciana e Lilian, que não resistiram ao cansaço.

7 DECISÕES

— Bom-dia, meninas. Está na hora de irmos.
— Que horas são, pai.
— Cinco horas.
— Como? Ainda é de madrugada. Eu preciso dormir mais um pouco.
— Dormiremos assim que chegarmos lá. Podem usar o banheiro, pois eu já o fiz.

Lilian vai ao banheiro e se lava, usando a escova de dentes de Chris.

— Chris, acabei de lembrar que eu e sua filha só temos a roupa do corpo conosco.
— Usem minhas coisas. Em Campinas eles providenciarão roupas. Sei que devem ser roupas de religiosos, mas até que será um bom disfarce.
— Seria hilário, eu vestida de freira.
— Eu não vejo a hora.

— Como você está? Quero dizer, você consegue andar direito?

— Sim. Não sinto dores e não há sangramento, apesar dos ferimentos abertos.

— Mesmo assim, acho prudente que eu dirija.

— Não argumentarei com você, pois não me sinto forte o suficiente para ficar concentrado em uma estrada.

Lilian sai do banheiro, após uma rápida chuveirada. Luciana entra e faz o mesmo.

— Pai, enquanto a Lu está no banheiro, me diga o que rolou entre vocês dois?

— Meu bem, ela foi minha amada no México. Quando fui embora, o Deus maldito a desposou, destruindo as nossas vidas.

— E agora?

— O problema é que eu ainda a amo, e não sei o que fazer. Penélope está comigo, e escolheu lutar ao nosso lado. Ela sofreu bastante e viu muita coisa enquanto esteve comigo. Não sei se seria justo eu abandoná-la.

— Eu sabia que o senhor gostava da Lu.

— Mais do que você pode imaginar.

— E seus sentimentos por Penélope, o que seriam?

— Antes de rever a Luciana, eu achei que amava Penélope. Quando cruzei olhares com a Lu, Penélope se tornou uma vaga lembrança de amizade e gratidão. Terei que pensar muito no que vou fazer.

Chris acende um cigarro e sai do quarto, para admirar o amanhecer.

— Lu, abra a porta. Tenho que falar com você?

— Só um segundo, já vou sair.

— Não, tem que ser aí dentro.

Luciana abre a porta, ainda enrolada na toalha, e Lilian entra rapidamente para lhe contar sobre sua conversa com seu pai.

— É por isso que você não deve perder as esperanças.

— Obrigada Lilian, você me deixou muito feliz.

— Sei que não temos muita intimidade, mas porque você se esconde deste jeito? Você está usando inclusive a minha toalha molhada.

Luciana fica de costas e deixa cair as toalhas.

— É por isso que você não quis abrir a porta?

— Eu não queria que ninguém as visse.

— Que marcas são estas?

— São escritos de um pergaminho em uma língua morta.

— Estas marcas estão somente nas costas?

Luciana se vira e mostra seu corpo todo escrito.

— Parece aquelas tatuagens japonesas, quero dizer, começam do pescoço e vão até os pés.

— Eu tenho medo que seu pai descubra estas marcas antes da hora. – Luciana pega a toalha seca e começa a se enxugar.

— Quem as fez?

— Meus pais me venderam a um Deus maldito, em troca de fama e fortuna. Por saber que eu já era sacerdotisa daquele Deus atlante, este que me comprou, me marcou o corpo para que o atlante saiba a quem pertenço.

— O que estão dizendo estas escritas?

— O Deus que me comprou, não me quer, ele o fez para desafiar o atlante. As escritas em parte são como um aviso de posse, e o restante é uma maldição, um feitiço que matará qualquer pessoa que me possuir sem amor. Ele fez isso talvez numa tentativa de matar o atlante.

— O que você quis dizer com o medo de meu pai descobrir antes da hora?

— Se eu encontrar o verdadeiro amor, a maldição se desfaz, assim como as escritas, que se apagarão.

— Que língua é esta?

— É hieróglifo, e pelo que sei de seu pai, ele saberia traduzir isso facilmente. Por isso eu lhe peço para que não lhe conte nada.

— Não trairei nossa amizade, não se preocupe. Agora se vista para que possamos ir, senão ele vai ter um ataque de nervos. Você deve sofrer muito no calor, por estar sempre de calças e camisas com mangas compridas.

— Eu mando fazer estas roupas em um alfaiate especial. O que me deixa mais sossegada é que em Campinas, vestiremos os hábitos de freira, cobrindo desta forma, todo nosso corpo.

As duas saem do banheiro e se dirigem para o carro, onde estava Chris, com seu terceiro cigarro. Luciana senta no banco do motorista e Chris senta no banco de trás, deixando que Lilian vá na frente para fazer companhia à amiga.

Ao entrarem na Rodovia dos Bandeirantes, Chris pega no sono, ainda em conseqüência da fraqueza.

— Agora que meu pai dormiu, tenho que lhe perguntar, você ainda é virgem?

— Sim. Uma vez, na faculdade de jornalismo, eu me apaixonei por um rapaz, e achei que ele poderia ser o meu salvador. Quando fui me deitar com ele, apaguei as luzes do quarto, para que as marcas não fossem vistas. Quando ele me beijou e começou a me despir, ele teve uma convulsão e morreu. Os médicos disseram que foi um ataque cardíaco.

— Será que não foi mesmo?

— Ele era um atleta exemplar e tinha dezoito anos. Eu tinha dezesseis.

— Você entrou cedo na faculdade.

— Modéstia à parte, sempre fui um prodígio. O que mais me chateia, é o fato de que se ele me amasse como sempre afirmou, ele não teria morrido. O que ele queria era só uma transadinha. Desde este dia, somente namorei, mas nunca passei dos amassos por não mais confiar em ninguém.

— Você acha que meu pai pode ser seu escolhido?

— Seu pai, apesar de todo o ódio que carrega, ele é extremamente honrado e bom. Se um dia ele se deitar comigo, será por amor. Tenho plena certeza disso.

— Quantos anos você tem?

— A mesma idade de seu pai. Trinta e três anos. Sabe, agora que tocamos no assunto, você mais parece a irmã dele.

— É, eu sei. Acontece que eu, na verdade, tenho somente doze anos. Por ser filha de uma vampira, me desenvolvi muito rápido. Meu intelecto e meu corpo, são de uma mulher de vinte e quatro anos. Também fui amaldiçoada, pois perdi minha infância e juventude, aprendendo como ser má, para agradar e satisfazer os caprichos de minha mãe, até mesmo, porque, eu não sabia que minha mãe havia abandonado meu pai. Ela sempre me contou que ele nos abandonou. Agora que não moro mais com ela, o feitiço que me envelhece não tem mais efeito.

— Somos duas mulheres complicadas.

— E virgens. Nunca tive tempo de conhecer homens. O único homem com quem tive algum contato mais íntimo, porém só na conversa, foi Justin, amigo de meu pai, que por sinal, é padre.

— Seu pai está acordando. Mudemos de assunto, sussurra Luciana ao ver pelo espelho retrovisor que Chris estava se mexendo e começava a acordar.

— Desculpem por eu ter apagado. Onde estamos?

— Acabamos de passar por Jundiaí. Não se preocupe, pois eu e sua filha estamos conversando, não dando tempo para que eu pegue no sono. Se quiser, pode voltar a dormir.

— Acho que não vou mais conseguir. Sobre o que falavam?

— Sobre como funciona o mecanismo da vida, o karma, as maldições, etc.

— Infelizmente, nesta época, os karmas se anteciparam, fazendo com que todos nós pagássemos em uma encarnação, o que normalmente levariam várias. Mesmo assim, estou feliz, pois reencontrei minha filha e a mulher que sempre amei.

Lilian observa uma lágrima escorrer pelo rosto de Luciana.

— Lu, estamos quase chegando. Após aquele viaduto, entre à direita. Depois de duzentos metros, entre à direita novamente em uma estradinha de terra. Nesta estrada, andaremos aproximadamente dez quilômetros, até nosso destino.

Luciana segue as instruções, e após meia-hora, chegam ao mosteiro, onde são recepcionados com muita festa. As freiras levam Luciana e Lilian para dentro, mostrando-lhes o quarto onde iriam dormir, no terceiro andar, além de suas roupas e o banheiro.

Penélope abraça Chris e lhe dá um longo beijo.

— Venha, vamos até a enfermaria para que as freiras dêem uma olhada nesses ferimentos.

— Onde estão os outros?

— Saíram para mais um dia de vigília. Estão tentando preparar tudo para amanhã. A propósito, quem é aquela morena que estava dirigindo?

— É uma longa estória.

— Eu estou cansada de escutar isso, e tenho o dia inteiro.

Chris narra tudo o que aconteceu no México e neste último dia, ocultando alguns detalhes embaraçosos, enquanto as freiras refazem os curativos.

Luciana e Lilian tomam um banho completo e trocam de roupa, vestindo um hábito branco, que cobria o corpo inteiro. As duas descem as enormes escadarias e se juntam às freiras na grande mesa do refeitório.

— Desculpe-me, mas não tive a oportunidade de me apresentar devidamente. Meu nome é Luciana.

— Muito prazer, Luciana, sou Penélope. Devo lhe agradecer por ter cuidado de Chris.

— Não fiz nada mais do que ele faria por mim.

Todos sentam ao redor da mesa e sob a regência da freira chefe, todos rezam antes de começarem a refeição.

Luciana e Lilian sentam-se lado a lado, um pouco afastadas de Penélope e Chris.

— Me dói muito, vê-los juntos.

— Imagino o que você deve estar sentindo. Acalme-se amiga. Logo tudo entrará novamente nos eixos. Vamos relaxar e curtir este café, pois estou com uma fome de leão.

Depois de uma farta refeição, as duas amigas se fecham no quarto e dormem, tentando repor o sono perdido.

Chris e Penélope andam ao redor do mosteiro, conhecendo a horta que as freiras cuidam, e de lá tiram seu sustento vegetal; conhecem as plantações de flores, que as freiras vendem; andam pelas trilhas do horto florestal que circundam a região. Conversam muito, sobre os fatos que ocorreram e sobre o que iria ocorrer. Chris conta a Penélope sobre sua ligação para Alan, e sobre o segundo selo, a segunda trombeta e o segundo cálice.

— Onde estão sua filha e sua amiguinha?

— Devem estar dormindo. Você sabe que eu não gosto deste tipo de sarcasmo, além disso, você sabe que eu sou fiel. Se você quiser falar algo, fale abertamente.

— Ela tem um olhar de um animal ferido e acuado. Quando ela se apresentou a mim, ela demonstrou uma gentileza e educação exemplar. Não esperava isso de uma sacerdotisa do mal. Por isso, eu não consigo ter raiva dela, somente ciúme.

— Não tenha, pois, enquanto estiver com você, serei fiel. Em relação ao lado negro, o que ocorreu foi a quase dois mil anos. Reencarnamos tantas vezes e aprendemos tanto, que acabamos mudando. Alguns, como o Paul, se afundaram mais no seu lado negro, mas eu, a Luciana e minha filha, vimos o lado negro e não gostamos. Eu e minha filha, carregamos os dois dentro de nós, sempre andando em cima do muro e oscilando de um lado para o outro.

Luciana escolheu o lado da luz, tentando fugir daquela podridão.

— Por que ela estava entre eles, então?

— Por um simples motivo. Ela não queria ser morta.

— Sinto muito, pelo meu prejulgamento.

— Não sinta. Todos somos passíveis de erros e de julgamentos errados. Eu a ajudei a sair de lá, e pretendo continuar ajudando, assim como farei com minha filha.

Quando o casal retorna, encontram vários furgões estacionados na frente do mosteiro. Eles entram e se encontram com Justin, Eduard e os outros companheiros.

Todos se abraçam e se felicitam.

— Onde está Lilian?
— Elas estão dormindo. Nesta noite dormimos muito mal e muito pouco. Você quer que eu vá acordá-la?
— Deixe-a dormir. Bom, eu acho que devemos conversar a sós, Chris.
— Penélope, você nos dá licença, pois a conversa aqui vai ser meio sangrenta. Logo retornarei com a cabeça de Justin em uma bandeja. – Chris pisca para Penélope, que começa a rir, pois já sabia sobre o que seria conversado.

Justin, pela primeira vez, se sente acanhado e com medo, perante o amigo, não conseguindo abrir a boca durante vários minutos, enquanto caminhavam ao redor do mosteiro.

— Justin, sei exatamente sobre o que você vai falar. Como você não consegue, eu falo antecipadamente, eu lhe dou minha bênção para que você seja feliz ao lado de minha filha, desde que você a faça feliz.
— Minha felicidade vai depender inteiramente da felicidade dela.
— Ótimo, agora eu sei que posso confiar em você. Minha dúvida somente se refere ao seu sacerdócio.
— Eu conversei com Eduard, e quando tudo isso terminar, ele me auxiliará com o abandono da batina. O meu maior medo é de não conseguir emprego, pois nada mais sei fazer.
— Eu te ajudarei. Não sei como estará o mundo depois desta lambança toda, porém, ficaremos juntos como uma grande família. Tenho certeza que Lilian gostará da notícia.
— Eu soube que havia outra mulher com vocês.
— Sim, seu nome é Luciana.
— Quem é ela, se me permite perguntar?

Chris explica rapidamente ao amigo quem é Luciana, pois sobre o passado, Justin já sabia.
— Você pode confiar nela?
— Confio a ela a minh'alma.
— Como anda seu coração, Chris?
— Balançado, meu caro, muito balançado.
— Será que sua filha aceitará o que tenho a oferecer?
— Certamente, porém, devo lhe dizer, que ela carrega os dois lados dentro de si, exatamente como eu.
— Acho que vou ter trabalho.
Os dois amigos dão risada, enquanto se aproximam novamente da porta principal do mosteiro.
— Vejo que o sangue se transformou em risadas, comenta Penélope ao ver os dois indo em sua direção.
— É a mais perfeita das transmutações, afirma Chris.
Todos entram no mosteiro e conversam sobre os últimos detalhes a respeito da investida contra a hospedeira. Conversam por horas, deixando Chris ao par de todos os fatos acontecidos dentro e fora da UNICAMP.
— Chris, está tudo entendido?
— Perfeitamente. Quem será o padre que me acompanhará no momento em que atirarei?
— Apresento-lhe o padre Earl. Ele lhe ensinará a atirar com a balestra[16].
— Por que com uma balestra, ao invés de uma espingarda?
— É a nossa marca registrada. A flecha estará envenenada. Você deve atirar exatamente na barriga da mulher, acertando conseqüentemente o feto.
— Entendido.

---
[16] **Balestra** – *Arma medieval que atira flechas. Tem o formato de uma espingarda.*

— Sr. Chris, por gentileza, siga-me. Devemos ir imediatamente ao local de treinamento.
— Não me chame de senhor, por favor.
— Sim, como queira.

Os dois se dirigem ao campo aberto, onde pratos são atirados para cima e Chris atira neles. Depois de muitos erros e poucos acertos, eles começam a atirar em um alvo imóvel, agradando mais a Chris, que começara a acertar muito mais do que errar. Ficam por horas treinando.

Lilian acorda e desce ao escutar barulho de agitação, pois muitos padres assistem ao treinamento e comemoram entusiasmados quando Chris acerta o alvo. Luciana continuava dormindo. Ao chegar na sala de reuniões, escuta a voz de Justin, e se alegra.

— Então, senhores, além dos selos, etc., três das dez pragas do Egito se fazem presentes no mundo de hoje. A epizootia, com as doenças dos animais, principalmente de consumo humano, como os bovinos, a vaca louca, febre aftosa, etc. O outro é parecido com selos, quero dizer, é a morte das águas e de seus habitantes. Existe mais um que seria a chuva de pedras, que presenciamos.

Justin percebe a presença de Lilian e encerra a reunião. Lilian o abraça com ímpeto, e tenta lhe dar um beijo na boca. Justin desvia o rosto.

— Perdoe-me, meu amor, mas agora não é o momento. Devo me manter o mais puro possível até completarmos a missão.

— Eu entendo. O que acontecerá conosco logo depois?

Justin narra a conversa que teve com Chris, deixando-a muito feliz.

— Venha, vamos ver como seu pai está se saindo com os tiros. Pelas comemorações e gritos, acho que seu pai anda acertando bastante o alvo.

— Tenho muita fé de que ele será bem sucedido em sua empreitada. Apesar dele nunca ter matado antes, sei que ele o fará.

— Espero, pois desta morte, muitas vidas se favorecerão.

— Onde está Penélope?

— Está assistindo seu pai.

— Vamos lá ver.

O casal chega ao local do treinamento e se une à torcida.

— Tenho fé que conseguiremos, grita Eduard em um estado de alegria.

Luciana acorda e desce as escadarias. Seus olhos azuis, extremamente claros, estavam com dificuldade de se manterem abertos por causa da claridade. Seus cabelos negros como ébano e lisos, chamavam a atenção, pela beleza do conjunto. A freira chefe, que passava pelo corredor, a ajuda a descer as escadas.

— Não me lembro de já ter visto uma moça tão bela.

— Obrigada pelas palavras, madre, mas de nada adianta ser abençoada pela beleza, se não existe uma pessoa para compartilhar o amor que temos dentro de nós.

— Tudo a seu tempo. Não passamos por tudo isso à-toa. O que não nos mata, nos fortalece e nos ensina. Saiba que você vai encontrar seu amor. Não desanime.

— A senhora é muito boa com as palavras de conforto.

— Não falo isso por consolo. Eu falo porque eu percebo e vejo os detalhes. Chris a ama, porém ainda não sabe o que fazer, pois não é correto simplesmente chutar a mulher que tanto o ajudou e ainda ajuda.

— Como...
— Eu lhe falei. Sou uma boa leitora corporal. Não se preocupe, nada falarei à Penélope.
— Por que a senhora está sendo tão boa comigo? Se a senhora soubesse...
— Não importa o que fomos, e sim o que poderemos ser. Não é como morremos que nos faz heróis, e sim como vivemos. O passado é como a água que passa por baixo da ponte. Nós vemos passar e conhecemos os detalhes. Observamos cada ondulação, cada mudança de agitação, etc., mas depois que a água passou, não mais retorna. Devemos somente ter cuidado de não ficarmos repetindo os mesmos erros, e por isso, devemos conhecer a fundo o que fomos. O que seremos é o que importa. – A madre percebe lágrimas escorrendo do rosto de Luciana.
— Chore, minha filha, faz bem para a alma. Desta forma a limpamos.
— Não quero que me vejam assim. Luciana limpa as lágrimas, enquanto acompanha a madre ao treinamento.
Outros padres se uniram a Chris, para treinarem e para brincarem numa forma de competição, para quebrar um pouco a seriedade e para acalmar um pouco os participantes.
— Senhores, o almoço logo será servido. Tocarei o sino para avisá-los, grita a madre.
Lilian ao ver Luciana, corre em sua direção e cruza seu braço com o dela, levando-a para assistir a competição.
— O que houve, você andou chorando?
— Dá para perceber?
— Não. Só seus olhos que estão um pouco inchados, mas nada que possa ser percebido.
— Estava conversando com a madre. Ela é uma sábia senhora. Ela falou coisas que mexeram comigo. Não foi nada demais.

— Então venha, Justin está lá nos esperando.
— E como foi com Justin?
— Excelente. Lilian, enquanto se aproximava de Justin, narrava a conversa que ambos tiveram.
— Estou contente por vocês.
— Sei que sua vez chegará. Tudo ao seu tempo.
— Foi exatamente o que a madre falou.
— Então, agora relaxe e curta conosco. Vamos torcer por meu pai.
— Certamente.

Todos se sentam no chão, e assistem os atiradores. Depois de algum tempo, o sino toca, anunciando o almoço.

— Deixemos tudo exatamente como está, e depois do almoço continuaremos, grita Earl.

Todos se dirigem ao refeitório, sentando exatamente como no café da manhã. Quando termina o almoço, Chris sobe ao quarto onde estavam suas coisas, pega o celular, e liga para Alan.

— Como estão as coisas aí no Sul?
— O negócio aqui está muito ruim. Reuni todos os que estavam na lista, e acabei chamando mais alguns. Aluguei dois ônibus e seguirei para a serra, conforme combinado. Não podemos ficar aqui nem mais um dia, pois a revolta das pessoas está grande. Todos estão histéricos com o que está acontecendo. Ton e Carl estão me ajudando com os detalhes.
— Vocês têm armas para defesa?
— Temos algumas pistolas e espingardas. Levaremos tudo conosco. Quando terminarem aí, espero que retornem logo, pois não tenho o dom de liderança para acalmá-los. Ton está explicando detalhadamente a todos. Ton, Carl e as esposas seguirão num carro a parte, logo atrás de nós.

— Não se preocupe, façam o melhor possível. Tenho fé em vocês três. Sei que farão o melhor possível. Retornarei assim que possível.

— Sei que não sou bom nestas coisas de profecias, porém, tenho que lhe perguntar. O que seria a estrela que vai cair no mar, destruindo a terça parte das águas.

— Vejo que você anda fazendo seu dever de casa. Acreditamos que quando o profeta João viu tudo, não sabia exatamente o que via, interpretando tudo da maneira que melhor conhecia. A terceira trombeta, acho que é disso que você está falando, na verdade deve ser lixo espacial, satélites ou algum cometa do cinturão que circula nosso planeta. Eles têm tamanhos variados, e podem ser radiativos.

Quando entrarem em nossa atmosfera, ficarão incandescentes, dando a impressão de uma ou mais estrelas. Achamos que foi isso que São João viu.

— Você quer dizer que o homem está ajudando a chegada do fim?

— Exatamente. Na verdade, é única e exclusivamente por nossa causa que o mundo está ruindo. Tomemos o exemplo de doenças. Somos o câncer de nosso planeta, e por isso, temos câncer. Destruímos as florestas, derrubando árvores, e por isso temos lepra. Poluímos as águas, e por isso temos doenças do sangue, e por aí vai. Somos o microcosmo do planeta macrocosmo, que por sinal, é microcosmo do universo.

— Acho que entendi. Não gostaria de saber isso, mas entendi.

— Sinto muito, mas a realidade é esta. Vamos dar o melhor de nós, pois se existem remédios para as doenças...

— Entendi. Temos que tentar ser os remédios.

— Exato.

— Obrigado pela explicação. Tentarei passar isso aos outros. Boa sorte amanhã, e adeus.
— Adeus.

Chris abre a porta e vê Penélope sentada no chão, pensativa. Ela não percebe que a porta se abriu, só se dando conta quando Chris senta ao seu lado e a abraça.

— É difícil aceitar isso. Escutei o que você falou, e ainda custo a aceitar, apesar de ver tudo com meus próprios olhos.

— Sei que é difícil. Vamos tentar ser o remédio.

— Eu não acredito como você está sendo insensível com tudo isso. Você fala como se tudo fosse normal, como se você não sentisse emoção nenhuma. Seu rosto não muda nem de expressão quando fala no assunto.

— Pen, eu choro muito, porém, choro por dentro. Minh'alma está em prantos.

Penélope se levanta e desce as escadarias correndo, indo para a capela para rezar, coisa que nunca havia feito.

— Não se preocupe meu filho. Todos sofremos.

— Madre, que susto. Não havia percebido sua presença.

— Eu vou falar com ela e tentar acalmá-la.

— Madre, a senhora acha que estou sendo insensível?

— Cada qual, sente de maneira diferente. Sei que você está sofrendo. Não se preocupe. Somente devo lhe dizer que não é vergonha nem demonstração de fraqueza se você chorar.

— Desculpe madre, sei que a senhora percebe as coisas, e suas palavras encaixam exatamente na situação, mas tenho que ser forte, principalmente agora que recuperei minha filha. Vai chegar o dia em que poderei chorar.

— Não recuperou somente sua filha, mas também um grande amor.

— Como a senhora...
— Eu sinto e confio no que sinto. Não se preocupe, nada falarei aos outros. Os homens já estão se preparando para a competição. Aproveite este curto tempo para se divertir e ficar com os que você ama e com os te amam.
— Tenho medo que Penélope esteja perdendo a razão.
— Eu cuidarei dela, não se preocupe.
— Obrigado madre. A senhora é uma santa. Sei que terá um lugar especial no céu para a senhora.
— Veremos. Agora vá, meu filho.

Chris desce as escadas correndo, para ficar ao lado de Luciana, antes de recomeçar a competição. Justin e Lilian pegam um enorme banco de madeira e se sentam, deixando um espaço para Luciana, que os acompanha. Chris os vê sentados no banco e chega por trás, ficando em pé. Ele coloca uma mão em cima do ombro de Luciana e com a outra, acaricia seus cabelos negros.

Luciana sente um amor muito forte e se emociona com a demonstração de carinho.

— Como estão seus amigos lá no Sul?
— Se virando melhor do que eu imaginava. Obrigado por perguntar Lu. A propósito, acho que você deve ligar para seus familiares e ver se eles estão bem, e convidá-los a se unir a nós.
— Perdi contato com meus pais logo depois de meu nascimento. Não tenho ninguém.
— Sinto muito, eu não sabia.
— Não sinta. Eles não merecem que alguém se preocupe com eles, e não tenha piedade de mim, por favor.

Chris, ao perceber que o torneio recomeçaria, se agachou ao lado de Luciana e lhe beijou a mão.

— Não sinto piedade de você. O que sinto é amor. Você não está só, pois, de agora em diante, minha família é a sua família.

Chris se levanta e se dirige ao seu local de competição. Depois de algumas horas, se forma uma tempestade de granizo, fazendo com que todos corressem para dentro do mosteiro.

— Acabou nossa diversão. Pelo menos tirei em quarto.

— Ótima colocação, apesar de ter sido sorte de principiante.

— Largue do meu pé Justin. A propósito, Earl é muito bom, ele não errou nenhum.

— Por isso ele é o seu apoio, caso você erre.

— Me sinto mais seguro com ele ao meu lado.

Chris sobe para o quarto, onde pegaria seus manuscritos para dar mais uma olhada, e encontra Penélope deitada no chão.

— Penélope, o que houve com você. Acorde.

Penélope não se mexe. Ele mede a pulsação em seu pescoço, e sente um enfraquecimento gradativo dos batimentos.

— Socorro. Chris dá um grito que se espalhou por todo o mosteiro, fazendo com que muitos fossem ajudá-lo.

A madre chega ao local e observa um pequeno frasco em cima da penteadeira.

— Sinto muito, Chris. Nada mais podemos fazer por ela. Ela bebeu um gole do veneno reservado para as flechas.

Chris senta no chão e pega a cabeça de Penélope, colocando em seu colo.

— Sua dor foi demasiada, não conseguindo desta forma suportar. Sinto somente pela sua alma, pois nesta época de colheita, ela se condenou. Minh'alma chora por ela.

— Apesar de ela ter se matado, o que para nós é o maior dos crimes, faremos um enterro religioso.

— Obrigado madre, mas vou fazê-lo a minha maneira.

Chris pega o corpo no colo e desce as escadas. Ele a coloca em cima do banco de madeira e encharca ambos com muito álcool. Debaixo de uma chuva de pedras, ele ateia fogo no banco, depois se alastrando para o corpo. Ele se ajoelha ao lado do corpo e faz orações, encaminhando sua alma.

— Não lhe fiz um enterro cristão, pois não queria condenar sua alma. Os pagãos não tinham problema em relação ao suicídio, portanto, eu lhe faço um ritual pagão, para que os antigos deuses lhe vejam e lhe encaminhem para seu destino. Que assim seja.

Chris se levanta e entra no mosteiro, cheio de hematomas dos granizos, e um corte na testa. Observa ao longe, o corpo se transformando em cinzas.

— Sente-se e deixe-me ver este corte, por favor. Sinto muito, não queria que isso acabasse desta forma.

— Eu sei, Lu. Ela não agüentou esta realidade. Sinto somente por sua alma e pelos seus pais.

— Agora sente e fique quieto para que eu possa limpar o ferimento.

— Como o senhor está, pai?

— Triste, mas vou superar. Lilian, me faça um favor, pegue por gentileza meu telefone para que eu possa avisar os pais dela.

— Volto já.

— Obrigado. Justin, peça aos homens que se protejam e recolham as armas que ficaram no pátio, pois alguma coisa me diz que precisaremos delas antes de amanhã.

— Imediatamente.

— O que foi, Chris?

— Senti uma energia ruim entrando aqui, acho que nossos amigos nauallis estão fazendo uso de magia negra para nos encontrar. Senti isso durante a cremação. Acho que eles podem ter enfeitiçado Penélope, enlouquecendo-a. Se eu estiver certo, pelo menos sua alma não sofrerá tanto, pois não foi só escolha dela. Apesar de que o feitiço só se torna forte se encontra alguém propenso a tal energia.

— Pegue o telefone, pai.

— Dá licença Lu. Vou me levantar para que eu possa telefonar a sós. Estarei na capela.

Chris se retira e telefona para Alan, pedindo para que passe o telefone aos pais de Penélope. Ele lhes dá a notícia de forma lenta e calma. Os pais de Penélope resolvem não mais acompanhá-los, deixando que o destino se encarregue deles, e que tentariam ajudar as pessoas ali mesmo, no meio da histeria, desta forma, tentariam honrar a morte da filha.

Chris sai da capela e sobe para o quarto, ficando só, por algum tempo.

— Luciana, vá para o quarto e faça companhia para Chris.

— A senhora acha prudente, madre?

— Ele precisa ficar com alguém que o ame, e que ele ame. Não será interpretado como sendo de mal gosto este gesto. Acalente o seu coração sofrido, afinal, vocês foram muito amigos por várias vidas, não seria diferente nesta.

Luciana olha para Lilian e Justin, que consentem com a cabeça, deixando-a mais à vontade. Luciana sobe para o quarto de Chris.

— Dá licença, não sei se deveria vir. Eu lhe trouxe seus cigarros. – Luciana vê Chris em pé, olhando pela janela, observando a chuva de granizo.

Chris pega um cigarro e acende.

— Não existe pessoa no mundo com quem gostaria de estar agora, além de você.

Chris abraça Luciana, que também acende um cigarro. Ela se coloca ao lado de Chris, observando a chuva. Chris a abraça por trás e apóia a cabeça em seu ombro. Ficam olhando para fora, sem falar nada durante algum tempo.

— Pai, desculpe incomodá-los, porém, o senhor está sendo solicitado lá embaixo.

Os três descem e entram na sala de reunião.

— Não sei se você está bem para cumprir sua missão. Os fatos que acabaram de ocorrer podem mexer com seus sentimentos a ponto de interferir.

— Eduard, agora, mais do que nunca, terminarei o que começamos. Vocês não têm o direito de me tirar isso.

— Não devemos agir por vingança, e sim pelos motivos certos.

— Earl me acompanhará, não permitindo que eu falhe. Não me tire isso.

— Era isso que gostaríamos de escutar. Queríamos ver sua reação e saber se você não estava começando a fraquejar.

— Nunca, nem que meu último ato seja a minha própria morte.

— Desta forma, continuaremos com o planejado.

— Não me aborreçam mais com suas dúvidas. Sei quem sou e sei do que sou capaz.

— Senhores, desculpem interrompê-los, mas acho que temos companhia. Vários carros foram vistos vindo em nossa direção. Os policiais nos avisaram. – Justin entra afoito e quase sem fôlego.

— Nos armemos então. Nossa fé vai começar a ser testada desde agora, grita Eduard, olhando fixamente para Chris.

Eduard, acompanhado por dezenas de padres, descem ao subsolo, uma enorme e antiga adega, e pegam as caixas carregadas de espingardas e pistolas.

— Luciana, pegue Lilian e acompanhe as freiras até o subsolo.

— Queremos ficar para ajudá-los.

— Eu não agüentaria se algo acontecesse a alguma de vocês. Peguem estas pistolas, e se eles passarem por nós, atirem sem pestanejar. Agora vão. – Chris dá um longo beijo em Luciana, que é puxada pelo braço por Lilian. Três padres guardam a entrada da porta da adega, que é fechada por dentro pelas freiras.

Os padres se colocam nas suas posições, dois homens para cada janela.

Dezenas de carros estacionam na frente do mosteiro, homens fortemente armados descem dos carros, com capacetes e roupas protetoras, por causa do granizo, que cada vez caía mais forte.

— Chris, reconheço aquele homem. Ele é um pretoriano.

— Ótimo, os nauallis se uniram aos pretorianos, o que mais falta acontecer?

Começa o tiroteio. Balas voam por todos os lados, e os padres conseguem impedir a aproximação dos nauallis e pretorianos. Eles se escondem atrás dos carros.

— Por que a polícia não ajuda, Chris?

— Justin, acho que eles devem estar preocupados em tentar manter ordem, em meio a histeria.

Faróis são vistos mais ao fundo. Chegam mais vários carros.

— Estamos perdidos. Quem será desta vez?

— Não sei, mas continuemos lutando, mantendo nossa fé.

Os carros param atrás dos nauallis e começam a atirar neles. É uma carnificina enorme, não restando um só homem vivo.

Quando o tiroteio acaba, quase todos permanecem nos carros, somente o líder sai. Ele entrega a arma ao seu companheiro, e de braços erguidos, se aproxima da porta do mosteiro.

— Justin, segura minha arma. Vou descer e ver quem são eles.

— Não acho uma boa idéia, Chris, pode ser perigoso.

— Se fossem inimigos, eles continuariam a lutar contra nós.

Chris manda abrirem a porta e encontra o homem ajoelhado. Os padres apontam as armas para o homem.

— Não há necessidade disso. Guardem suas armas. Quem é você, meu caro.

O homem tira a máscara.

— Sou o líder escolhido pelos muçulmanos para ajudá-los. Somos Mouros, descendentes dos que dominaram Jerusalém, ocasionando desta forma, as cruzadas.

— Como vocês souberam de nós?

— Temos amigos dentro da polícia. Eles nos avisaram que vocês corriam risco.

— Por que nos ajudaram? – Chris percebe a aproximação de Eduard e Justin.

— Apesar de lutarmos em lados opostos durante aquela época, hoje estamos do mesmo lado e com o mesmo objetivo. Não queremos o fim do mundo. A morte da hospedeira está a cargo de vocês, mas é nosso dever ajudá-los.

— Muito obrigado.

— Existem muitos superiores que observam vocês. Todos os maiores sacerdotes de todas as religiões se uniram para um bem-comum, e para um recomeço harmonioso. Os templários provaram ser guerreiros competentes e honrados, e por isso, a missão de matá-la ficou com vocês. Que os Deuses os protejam, em sua missão.

— Levante, senhor. Não somos dignos de ter alguém ajoelhado aos nossos pés. Apesar de sermos de raças diferentes, hoje vejo que um dia voltaremos a ser irmãos, como fomos em uma era longínqua. – Chris estende a mão e ajuda o guerreiro a se levantar, e o abraça. — Que os Deuses, mestres e anjos guiem nossas mãos para a vitória em prol da humanidade.

— Poderemos um dia, viver cada um com suas crenças e raças, partilhando o mesmo espaço de terra.

— É essa nossa esperança, irmão Mouro.

— Devo me retirar. Adeus.

Eduard, que ainda sentia mágoa pelos Mouros, deixou uma lágrima escorrer.

— Não se envergonhe, Eduard. Todos temos as nossas mágoas. O importante é conseguirmos perdoar.

— Obrigado pelas palavras de conforto, Chris, e faço suas, as minhas palavras. Espero que um dia você consiga perdoar e tirar o ódio que você guarda em seu coração.

— Quem sabe um dia conseguirei.

Os três observam o Mouro entrando no carro e indo embora.

— Vamos tirar as mulheres de lá. Eu na minha inocência, achei que vocês só lutavam com as armas medievais. Não imaginava o poderio de armas de fogo que vocês têm.

— Digamos que, quando a coisa aperta, deixamos a nossa marca registrada de lado.
— Ainda bem, Eduard, ainda bem.
— Cuidado com as mulheres, pois se bem conheço Lilian, ela deve estar com a arma engatilhada pronta para disparar.
— Deixe que eu vá. Fiquem aqui e organizem um esquema de vigília. Não podemos mais ser surpreendidos. Eu ficarei no primeiro turno. Montaremos guarda logo na entrada da estrada de terra, com armas e rádios comunicadores.
— Concordo com você, Chris, porém, você, eu e Justin devemos descansar, pois nossa maior missão será amanhã. Temos homens o suficiente para isso.
— Você é quem manda Eduard.
Chris se aproxima da porta, onde os três padres montam guarda.
— Senhores, está tudo acabado, pelo menos temporariamente. Eduard os aguarda para mais instruções.
Quando os três se retiram, Chris bate na porta.
— Quem bate?
— Sou eu, Lilian, Chris.
— O senhor está só?
— Sim.
— Como poderemos ter certeza que não é uma cilada?
Chris narra os acontecimentos.
— Essa estória é tão maluca que eu acho que é verdade. – Lilian abre a porta.
— Ainda bem que não estamos sós. – Luciana corre na frente e abraça Chris, sendo seguida por Lilian.
— Alguém dos nossos se machucou? Onde está Justin?
— Ninguém se machucou. Justin está com Eduard, montando um esquema de vigília.

As freiras vão para a cozinha, preparar uma refeição. Os homens se protegem e recolhem os corpos dos mortos que estão no pátio. Eles cavam um enorme buraco e os enterram, todos juntos.

— É, Paul, não foi desta vez que voltei a me unir a vocês. Descansem em paz. – Chris joga o corpo de Paul no buraco, e começa a encher de terra. Os outros padres pegam os carros e escondem no horto. Cinco homens foram escolhidos para o primeiro turno de vigília.

— Acredito que podemos esperar mais um pouco, antes de mandarmos os homens. Deixemos que jantem, e que levem bastante café. Bem quente.

— Concordo Justin, afirma Chris, sem tirar os olhos de Luciana que ajudava no preparo da janta.

— Você a ama mesmo.

— Quem?

— Não se faça de desentendido. Você nem olha para mim enquanto conversamos. Você não tira os olhos dela.

— Justin, quanto tempo terei que esperar antes de senti-la, quero dizer, Penélope acabou de morrer. Será que estou sendo um animal?

— Siga seu coração, meu amigo. Se quiser um conselho, espere os acontecimentos. Não acho respeitoso agir desta forma aqui dentro, apesar de não ser sua religião.

— Concordo Justin, perdoe por deixar que minha paixão me tirasse a razão. Vamos dividir um quarto, e deixemos que Lilian e Luciana dividam outro.

— Acho que é a melhor maneira de não fazermos besteira. Concordo com você, Chris.

Todos se sentam ao redor da enorme mesa, e após as orações de costume, começam a jantar. O silêncio na enorme sala é mórbido, pois apesar de terem vencido esta batalha, sabiam que o pior estava para vir, e desta vez, estariam sós.

Após a janta, os homens se dirigem ao local da vigília, todos muito bem protegidos. A cada três horas, outro grupo troca de lugar com o anterior, até às nove horas da manhã seguinte.

Todos se retiram aos seus aposentos. Lilian entra em seu quarto, e Justin entra no quarto ao lado. Chris dá um longo beijo de boa-noite em Luciana, deixando-a entrar no quarto, logo em seguida. Quando entra no seu quarto, encontra Justin sorrindo.

— Quase que você se deixa levar.

— Durma, Justin, não atrapalhe minha concentração, pois se me perder, meus instintos me levarão diretamente à cama dela.

— Tome, fume um cigarro. Hoje vou lhe acompanhar.

Os dois amigos fumam e conversam, até pegarem no sono, o que não demora a acontecer, pois a fadiga acabara dominando-os.

8 UMA COMPANHEIRA CHAMADA MORTE

— Aaaaah!

Justin acorda assustado com os gritos de Chris. Ele acende a luz e vê as mãos, os pés e a cabeça, vertendo sangue, encharcando o chão. Luciana é a primeira a entrar no quarto e corre para abraçar Chris desmaiado. Lilian entra logo em seguida, e fica imóvel perante tanto sangue.

— Lilian, acorde as freiras para que nos ajudem a limpar este sangue.

Lilian corre pelo corredor, chamando pela madre, que já estava pronta, pois também havia acordado com o grito. A madre chama mais algumas freiras, que pegam alguns produtos de limpeza, enquanto outras, enchem a banheira de água, para lavá-lo.

Eduard e os outros foram avisados do ocorrido, pois dormiam nos andares de baixo. Somente Eduard foi até o quarto de Justin, a pedido do próprio.

— Antes de começarem a limpeza, ninguém mais entra aqui. Esperem.

Todos observam o sangue caindo no chão, e formando um desenho. O desenho toma forma de um anjo.

— O que será que significa isso? – pergunta Justin, sem obter resposta por um tempo.

— Eles nos observam e rezam por nós.

— Chris, você acordou, ainda bem. Estava preocupada.

— Estou bem, Lu, somente muito fraco e com muito frio.

— Levem-no para a banheira. Madre, solicito que a senhora se encarregue de limpar este sangue e enterrá-lo. Não o enterre junto dos inimigos e nem jogue no lixo. Enterre embaixo da maior árvore do jardim.

— Vocês escutaram, meninas. Enterrem aos pés daquele eucalipto centenário. Se protejam ao sair.

— Obrigado madre. Bom, Eduard, sei que você ainda tinha dúvida se ele era mesmo o estigmata, ou estava atuando. Acho que se ele fosse ator, mereceria um prêmio mais valioso do que o Oscar.

— Já faz algum tempo que não mais duvidava da integridade de Chris. Percebi seu valor.

— Desculpe minha insensibilidade.

— Você não precisa se desculpar. Na verdade, eu é que tenho, pois demoro muito até poder confiar em alguém. Vou me retirar. Boa-noite.

— Boa-noite.

As freiras se retiram do banheiro e deixam Chris sob os cuidados de Luciana, enquanto Lilian acompanha as freiras até o eucalipto. Justin conecta-se imediatamente a internet para saber sobre os outros.

— Luciana, que bom que você está aqui.

— Fico feliz por estar.

Luciana instintivamente arregaça as mangas da camisa para não molhá-las, mostrando seu braço inteiramente tatuado.

— O que é isso? É a escrita sagrada?

— Sim.

— Tire a roupa, quero ver o resto.

— Não acho prudente.

— Meu amor, no meu estado, não consigo nem matar uma mosca, quanto mais...

— Eu não quis me referir a isso. Não quero que você leia o que está escrito. Quando chegar o momento, eu falarei sobre o que se refere.

— O seu corpo todo está assim?

— Exceto as mãos e os pés.

— Vejo um nome. Ele é...

— Pare e descanse. Logo você saberá sobre mim.

— Lilian sabe sobre isso?

— Sim. Agora relaxe.

Chris coloca os pés e mãos para fora da banheira, permitindo que Luciana os limpe.

— Que horas são?

— Cinco e meia da manhã.

— Justin, não escutei você entrando.

— Sinto muito pela minha indiscrição, mas receio ter péssimas notícias.

— O que foi?

— Quatro estigmatas não resistiram a perda de tanto sangue, e acabaram morrendo.

— Restamos apenas três.

— Exatamente. Você, um jovem australiano e um francês.

— De onde eram os outros?

— Um era americano, um escocês, um italiano e um católico de Jerusalém. Todos serão cremados imediatamente.

— Como estão os outros dois?

— Tão bem quanto você, se é que posso dizer isso. Já comuniquei Eduard sobre os fatos. Não sei se você vai conseguir cumprir sua missão. Acho que deixaremos a cargo do padre Earl.

— Não. Até o momento da nossa missão, eu acho que posso me recuperar. Tenho que tentar.

— Se você se mexer muito, pode entrar em choque e morrer.

— Deixe-o preparado, porém, ainda lhe peço para que não me impeça.

— Como queira. Mudando de assunto, não pude deixar de notar as tatuagens em seu braço, são interessantes e..., deixa para lá, não são da minha conta. As coisas andam tão estranhas que quanto menos eu souber, melhor. Vou me juntar aos outros e começar os preparativos. Até mais tarde.

— Até, e obrigado pela notícia, apesar de ruim. Pelo menos sei que posso ir a qualquer momento, independente do quinto estigma.

— Por falar nisso, eles estão fora de ordem, não estão?

— Sim. Nunca sabemos qual será o próximo. É este o maior dos testes. A expectativa é pior do que a morte, e por isso, devemos ter fé.

Lilian sobe para ver o pai e encontra Justin no corredor, que lhe explica sobre os outros estigmatas. Lilian corre para ver Chris.

— Pai, como o senhor está?

— Bem, sem dor, sem força, sem sangue e com frio.

— Não faça gracinha, estou preocupada.

— Não fique. O que tiver que ser, será, independente da nossa vontade.

— Lu, seu braço está...
— Ele já viu.
— Você já lhe contou?
— Não.
— Ei, eu estou aqui. É falta de educação falar de mim enquanto estou consciente.
— Desculpe pai. Agora relaxe e deixe que o limpemos.
— Coloquem mais água quente, por favor. Não tenho sangue o suficiente para me aquecer.

Lilian abre a torneira.

— Obrigado. – Chris ameaça desmaiar.
— Pai, acorde, você não deve dormir.
— Eu estou muito cansado.
— Resista.

Luciana e Lilian o ajudam a se levantar e, após os curativos refeitos, o colocam deitado em uma mesa, que improvisaram como maca. Elas colocam muitos cobertores sobre ele.

— Lilian, chame alguns homens para levá-lo até a minha cama.

Lilian vai até a escadaria e grita. O eco alerta Justin, que providencia ajuda. Eles o colocam na cama. A madre entra no quarto com uma sopa quente.

— Obrigada madre. Eu dou para ele.
— Depois, dê esta bebida. Ela é aquela bebida dos atletas para ajudar na hidratação.
— Pode deixar. Podem descer. Eu fico com ele.
— Enfim, sós. Eu me sinto um inválido.
— Não seja ridículo.
— Você mal me encontrou e já cuida de mim, como se eu fosse um velho.
— Não se esqueça de sua idade espiritual. Você é velho. Agora relaxe e coma.

— Você sabe como me alegrar.

— Isso é para que você deixe seu orgulho de lado, e aceite ajuda, pelo menos uma vez. Acho que nunca lhe ajudei, em nenhuma encarnação anterior. Você sempre foi meu protetor. Agora a moeda mudou de lado.

Após a sopa e a bebida, Luciana acaricia a cabeça de Chris, até que ele durma, descansando. Uma freira, com formação de enfermagem, toma o lugar de Luciana, que desce para acompanhar os preparativos.

— Como ele está? – pergunta Justin, antecipando-se a Lilian.

— Dentro do possível, até que muito bem, mas não sei se ele resistirá a mais um estigma. Quais são os outros?

— Chibatadas nas costas e a lança na costela.

— Não sei se ele conseguirá.

— Eu conseguirei sim.

— O que você está fazendo aqui? Você pode morrer.

— Desculpem, não consegui impedi-lo.

— Não se preocupe irmã. Pode deixá-lo conosco. Ele sempre foi teimoso.

— Você me conhece bem demais, Justin. Sabe que terminarei isso.

— Veremos.

Chris senta-se no sofá, situado ao canto da sala de reunião. Ainda enrolado nos cobertores, e vestido com batina, é abraçado por Luciana, que se senta ao seu lado.

— Se você morrer, eu acabo comigo. – Luciana sussurra no ouvido de Chris.

— Vaso ruim não quebra. Não se preocupe. Como já disse uma vez, só os bons morrem jovens.

Eduard começa a explanação de onde os grupos de ataque ficarão. Cada grupo com uma missão especial.

— Serão três grupos. O primeiro ficará de apoio armado, caso tenhamos que disparar contra eles. O segundo, formado por mim e mais dois, colocaremos os explosivos no caminhão que entrará no subsolo, e o terceiro, formado por Justin, Earl e Chris, ficarão escondidos no alto de um pequeno morro, aproximadamente a trezentos metros do alvo.

Os grupos um e dois, entrarão lá, sob a desculpa de conhecerem o local e o curso de teologia, sob falsas ordens superiores. Ninguém desconfiará de padre, apesar dos acontecimentos, pois a grande maioria da população ainda acha que tudo isso não passa de um fenômeno do tipo El Niño, ou coisa parecida. Entraremos exatamente às onze horas da manhã. O caminhão do exército só chega às três horas, o que nos dará tempo de nos familiarizarmos com o local, além de fazermos amizade com eles, almoçando lá.

Os avisamos sobre nossa visita e demos o telefone daqui, caso eles queiram verificar a veracidade de nossas intenções. Padre Mark, um excelente lingüista, falará uma mistura de italiano com português, caso eles liguem.

— Vamos tomar café e nos preparar psicologicamente para o que virá. A chuva de granizo parou, e espero que continue assim por um tempo.

Justin pega Chris pelo braço e o ajuda a levantar-se.

— Você está contente agora?

— Sim.

— Você não tem jeito mesmo. Vamos comer. Um pouco de açúcar e proteína vai revitalizá-lo.

Luciana abraça Chris e o ajuda. Ela o observa. Antes, um forte e altivo guerreiro, com olhar forte e penetrante, que nunca se deixou ajudar, agora, um guerreiro enfraquecido pelos ferimentos de uma batalha interior, com o olhar vazio e cheio de dor, emagrecido e pálido.

— Meu amor, como você me pediu antes, não tenha piedade de mim.
— Não tenho.
— Eu não agüento estar tão frágil. Este é o meu maior karma.
— Eu te amo, e por isso, você nunca vai ser frágil, pois sempre te protegerei, quer você goste ou não.
— Eu me recuperarei. Serei forte novamente e lhe darei tudo o que você quiser.
— Eu já tenho você, e nada mais quero desta vida. Agora sente-se e coma.

Todos se deliciam com geléias caseiras, pães caseiros, ovos mexidos, chás e um forte café.

— Esta pode ter sido a última refeição que faremos nesta vida. Aproveitemos o máximo este momento. Hoje, solicito à madre que me permita fazer as orações dos antigos templários.
— Permissão concedida, padre Eduard.

Após o momento de oração, todos se levantaram da mesa. Justin e Lilian foram andar pelo jardim, sendo seguidos ao longe por Chris e Luciana. Apreciavam cada detalhe, cada flor, cheiro, cores, animais, etc.., como se fosse a última vez que veriam tal beleza.

— O granizo não destruiu quase nada do horto.
— Sabe Lu, na verdade, o granizo é para nos destruir, e não ao planeta.
— Infelizmente, estou percebendo isso.
— Você acha que está na hora de me contar sobre suas tatuagens?
— Não posso, pois se o fizer, sei o que pode acontecer. Acredito que pode dar errado.
— Não mais insistirei nisso. Sei que você é capaz de decidir o que pode ou não fazer. Eu lhe respeitarei.

— É meio corta tesão, não é?

— Para falar a verdade, eu acho extremamente excitante, uma bela mulher tatuada.

— Espero que seja verdade.

— Devemos retornar. Logo partiremos para o nosso destino final.

— Esperarei ansiosa pelo seu retorno.

Chris retorna ao mosteiro, e logo entra no carro, pois já estavam de partida. Luciana o beija e lhe deseja boa sorte. Os carros saem derrapando em alta velocidade.

Enquanto se encaminham para a UNICAMP, observam os estragos das chuvas de granizo e das águas envenenadas. As estradas estavam totalmente esburacadas, pessoas mortas no acostamento, sendo recolhidas pelo corpo de bombeiros e pelo resgate, árvores caídas, casas e lojas destruídas, etc., uma visão aterradora.

— Será que os alunos continuam indo para a aula?

— Sim, pelo que me informei. Como eu lhe disse, Chris, para a grande maioria, isso é um fenômeno passageiro, apesar das proporções nunca antes registradas.

— Não sei se sinto pena ou raiva.

— Compaixão meu caro, sinta compaixão.

— Vou tentar Eduard, prometo.

— Vocês descem aqui. Subam até o pico daquela colina e se escondam debaixo daquele arbusto. Quando puderem, não hesitem em atirar. Se tudo der certo, pegaremos vocês neste mesmo local.

— Combinado. Boa sorte.

— Para vocês também.

Eduard fecha a porta com o movimento brusco do carro arrancando. Os três sobem a colina e, enquanto aguardam, ficam conversando.

— Chris, quais são as catástrofes desta vez? – pergunta Earl.

— Agora, além dos mares e oceanos, os rios e lagos também morrerão, porém, não todos, somente a terça parte. Muitas mortes ocorrerão, pois, quanto mais perto do fim, maior a colheita.

Ficam horas vigiando, até que Chris dorme, ainda enfraquecido.

— Será que ele conseguirá?

— Earl, eu conheço esse teimoso há muito tempo, e sei que ele matará a hospedeira, nem que o preço seja a sua própria morte. Deixemos que ele durma para se recuperar melhor.

Enquanto Justin e Earl vigiam, percebem que Chris começa a ter convulsões e a gemer de dor. Seus ferimentos recomeçam a sangrar, e suas roupas, nas costas, começam a rasgar. Suas costas sangram, com cortes profundos e compridos.

— Droga, agora não. As coisas estão acontecendo muito rápido. Acho que desta vez ele não vai suportar.

— Tenhamos fé, Justin.

Depois de alguns minutos, Chris esboça uma reação.

— Estamos acabados. O quarto selo foi aberto.

— Tão rápido?

— As coisas estão ficando cada vez mais sérias. O quarto selo se refere mais sobre incêndios e morte, pelos quatro cavaleiros do apocalipse.

— Então agora será a verdadeira carnificina.

— Ei, pessoal, chegou o carro do exército com a hospedeira. Eduard está acenando, indicando que a bomba já foi colocada. É a nossa vez de agir. Você consegue, Chris?

— Sim, mas já fixe sua mira, pois estou tremendo por causa da fraqueza, e caso eu erre, você já atira.

— Certo.
Três soldados descem do carro. A mulher desce logo em seguida. Ela pára ao lado do carro para conversar, inconscientemente, usando-o como escudo. Após alguns minutos de extrema tensão, ela começa a caminhar vagarosamente até a entrada do laboratório.

Eduard, que percebera o imprevisto, aborda a mulher para conversar, dando a oportunidade perfeita para a flechada. Chris mira e atira, acertando em cheio o útero da mulher, que cai no chão agonizante.

Para não levantar suspeita sobre a sua pessoa, Eduard finge sentir piedade e faz a extrema-unção. Os soldados correm em direção dos três, que mal tiveram tempo de comemorar, já tiveram que correr. Earl, por ser mais forte, pega Chris e o carrega nos ombros. Ao descerem a colina, um furgão os espera. Eduard, aproveitando a confusão, foge com seus companheiros em outro furgão.

Após sua retirada, Eduard aperta o controle remoto, causando uma explosão enorme, destruindo todo o prédio. Por sorte, os alunos não estavam lá, morrendo somente cientistas. A explosão pôde ser vista por quilômetros de distância, assim como pôde ser sentido o tremor de terra.

Todos conseguem chegar vivos. Comemoram sua vitória com muitos gritos e salva de tiros

Chris é tirado inconsciente do furgão. Luciana corre em sua direção, e é segura por Justin.

— O que houve?
— Foi mais um estigma.
— Antes ou depois do disparo?
— Antes, e mesmo assim, não errou o alvo. Seu heroísmo será lembrado por gerações futuras.

— Da maneira que você fala, parece que ele morreu.

— Ainda não, mas não sei se ele resistirá. Mandamos uns soldados a um hospital para pegar soro e outras coisas para os curativos. Agora, com a morte da hospedeira, não haverão mais estigmas. Vou conectar e dar as boas novas para o mundo.

Luciana corre em direção ao amado, e é seguida por Lilian, acompanhando-o quando é colocado em cima de uma mesa, com vários cobertores em cima. Ela o observa e chora.

— Se você partir, não mais viverei. – Ela mede a pulsação no pescoço de Chris e percebe uma certa melhora.

— Você tem que viver, independente da minha ida.

— Você acordou, que bom.

— Conseguimos?

— Foi tudo pelos ares.

— Acabou. Agora é só esperar as conseqüências dos quatro selos, trombetas e cálices. Nada mais podemos fazer, além de tentar nos mantermos vivos.

Justin corre para ver o amigo.

— Ainda bem que você sobreviveu. Os outros dois também estão vivos. Consegui me comunicar com os líderes, e eles nos felicitam. Bruscamente as comunicações foram cortadas, e nada mais funciona. Ainda temos energia e água encanada, mas não tenho idéia de quanto tempo mais os teremos. Pedirei à madre para que elas providenciem velas, muitas velas. Quando estava vindo, escutei os padres chegando com os remédios. Luciana e Lilian ficarão para cuidar de você.

Justin corre para falar com a madre, e cruza com os padres no corredor.

— Deixem os remédios com Luciana e Lilian, e depois me acompanhem.

Os padres obedecem a ordem, e deixam os três sozinhos. Elas injetam soro no braço de Chris, e observam-no por horas, até sentirem uma estabilidade no estado geral.

A chuva de granizo recomeça, e a tarde passa a ser noite. As luzes começam a piscar e faiscar, apagando em seguida. Justin chega com muitas velas.

— Vocês podem me deixar aqui. Eu ficarei bem. Levem estas velas para os outros e me deixem no escuro.

— Eu ficarei aqui com você.

— Não precisa Lu, você já fez demais.

— Fica quieto e descanse. Não mais haverão ferimentos, e logo você voltará a ser forte como sempre foi. Quando isso acontecer, não mais precisarei ajudá-lo, pois seu orgulho não deixará, portanto, deixe-me aproveitar este momento de cuidar de alguém que amo e que precisa.

— Tudo bem. Deixe somente uma vela, por favor.

— O.k., vou acender e colocar nesta mesinha ao seu lado.

— Ótimo, muito obrigado.

Justin e Lilian saem de mãos dadas. Luciana levanta e deita-se ao lado de Chris, se espremendo em cima da enorme mesa do refeitório. Ela deita sua cabeça no braço de Chris, que a abraça e beija.

— Logo sairemos daqui, e voltaremos para o Sul. Levaremos Justin e Lilian, conosco.

— Iremos recomeçar uma vida em outro lugar, longe disso tudo.

— Voltaremos para a Idade Média, em relação ao conforto e outras coisas, porém, estaremos juntos.

Chris pega no sono, e Luciana o acompanha. Sonham com belezas naturais, sol, praias cheias de pessoas alegres, crianças brincando, animais livres, etc.. Tudo isso perdido em um passado muito recente.

— Lu, acorde. Estou me sentindo bem. Vou tomar um banho e tirar este sangue seco de meu corpo.

    Luciana ajuda Chris a ir ao banheiro. Chris toma uma boa chuveirada e se revitaliza. Eles vão ao encontro dos outros, que ainda comemoravam a bem sucedida missão.

9 CAOS

Meses se passaram, e as cidades litorâneas deixaram de existir. O odor de morte e podridão tomava conta do ar. Chuvas de granizos não paravam de cair do céu. Muitas cidades foram destruídas por terremotos e vulcões. Prédios e construções fortes ruíram, deixando uma imagem de fragilidade da raça humana, em relação à força da natureza. O caos e a morte tomava conta do planeta.

Os ferimentos de Chris estavam praticamente sarados, restando somente algumas cicatrizes, que carregaria para o resto de sua vida. Ele sofria por não mais poder se comunicar com seus companheiros do Sul.

No mosteiro, comiam e bebiam o que estava estocado. Não se via mais o sol. Os relógios do mosteiro não mais funcionavam por causa dos efeitos magnéticos da atmosfera, fazendo com que todos perdessem a noção real do tempo. Passavam os dias lendo e escrevendo. Cada um escrevia sua versão sobre o ocorrido, e depois partilhavam seus escritos com os outros. As chuvas alagavam tudo, e ao mesmo tempo, retiravam os corpos e limpavam as estradas, levando tudo carregados pelas fortes correntezas.

Quando a comida e bebida começaram a ficar escassos, decidiram ir para o que restou de Campinas para tentar achar comida, pois não existia mais caça e plantas para poderem usufruir.

Os homens estavam barbudos e cabeludos, pois as lâminas estavam cegas pelo uso, assim como as tesouras. O frio castigava os corpos dos sobreviventes.

— Eu, Justin, Eduard e outros padres sairemos andando e iremos até a cidade, ou o que restou dela para tentarmos encontrar comida e água nos mercados. Apesar de estar tudo destruído, temos fé de que poderemos encontrar algo. Entraremos nas casas e pegaremos cobertores e tudo mais que precisarmos. Tentaremos encontrar sobreviventes no meio deste caos. Não se preocupe conosco, Lu, pois não sei quanto tempo levaremos, mas logo retornaremos.

— Eu gostaria de poder ir com você, mas não consigo me mexer por causa do frio.

— Tentaremos encontrar o máximo de coisas para poder fazer fogo, pois quase nada mais resta aqui. Já queimamos praticamente tudo o que tinha, inclusive as peças dos carros, assim como os combustíveis restantes. Fique abraçada a Lilian e às outras, pois seus corpos emitem calor para se aquecerem. Tentem economizar o máximo de fogo.

— Não quero que você vá. Fique conosco.

— Nada mais temos a temer.

— Agora, a neve que cai lá fora está muito forte, tenho medo que vocês congelem.

— Não se preocupe. A neve não é mais acompanhada pelo granizo, o que nos ajuda. Andaremos para não congelarmos. Chris abraça Luciana, que não consegue sair de baixo dos cobertores, e percebe que ela começara a chorar.

— Não chore, se sobrevivemos até agora, não morreremos por causa do frio.

Lilian abraça Luciana.

— Vamos Chris, quanto mais esperamos, pior é. Levaremos manteiga conosco para que possamos comer para nos abastecermos de gordura.

— Vamos Justin.

Os bravos homens saem do mosteiro em meio a neve e ventos fortes. Eles amarraram uma corda ao redor da cintura para ninguém se perder ou ficar para trás. Eduard segue na frente, por melhor conhecer a região, seguido por Justin, Chris, Earl e mais uma dezena de homens.

No mosteiro, as mulheres se reúnem todas na mesma sala, onde o calor dos corpos, assim como o que resta do fogo, as aqueça.

— Lu, você já dormiu com meu pai?

— Ainda não, pois ele não estava totalmente recuperado dos ferimentos. E agora não temos muita força e energia para gastarmos. E você e Justin?

— Também não, pelos mesmos motivos, de não perdermos força e um pequeno conflito interno em Justin.

— Não se preocupe, depois de tudo o que aconteceu e que vem acontecendo, é normal que tenhamos medo. Tudo se normalizará dentro do possível.

Cinco dias se passaram e quando as mulheres estavam perdendo as esperanças, escutam as portas se abrindo. Justin e Chris retornaram, puxando dois trenós improvisados, e carregados de mantimentos, enlatados, massas, carnes, e cobertores, além de munições.

Luciana e Lilian correm ao seu encontro, deixando os cobertores de lado.

— Graças aos céus vocês retornaram, onde estão os outros? Já estávamos perdendo as esperanças.

— Eles estão vindo logo atrás, cada dois puxando dois trenós, carregados. Encontramos muita coisa nos enormes mercados. O frio ajudou a conservar algumas carnes. Encontramos coisas o suficiente para agüentarmos mais alguns meses. Infelizmente dois de nossos homens não resistiram e tivemos que deixá-los lá. Meu amor, chame as outras freiras para nos ajudar.

— Como está tudo lá fora?

— Lu, temos esperança. A paisagem está branca, tudo coberto de neve, mas vimos pequenos raios de sol cortando as nuvens. Achamos que logo o tempo começará a mudar.

— Vou chamá-las.

Justin e Lilian nada falam, somente se abraçam.

Todos ajudam, e os outros começam a chegar. Eduard e Earl chegam logo em seguida, sendo seguidos pelos outros bravos.

— Guardaremos as pólvoras para fazermos fogo para cozinhar. Conseguimos encontrar muitas coisas para serem queimadas, e deixaremos isso para nos aquecer.

Todos comemoram mais essa vitória.

— Pai, como vocês conseguiram encontrar os mercados?

— Eu sei que é difícil de acreditar, mas quando achamos que estava tudo perdido, encontramos um anjo que nos guiou até encontrarmos comida. Quando nos fortalecemos, recomeçamos nossa busca, tendo forças para sermos bem sucedidos.

— Nada mais é inacreditável. Não encontraram sobreviventes?

— Infelizmente não, pois os que conseguiram sobreviver às calamidades, morreram congelados ou de fome. Quando entramos em algumas casas, encontramos corpos sentados, ajoelhados rezando, e muitas outras visões que antes poderíamos classificar como infernais.

— O importante é que vocês retornaram bem.

Chris abraça a filha e lhe dá um beijo na testa.

— Lu, peça para as freiras que cortem a gordura das carnes para que elas possam fazer uma sopa. Todas as manhãs devemos comer esta sopa para nos abastecermos de gordura e proteína animal.

— É para já.

Justin e Eduard se encontram com Chris. Eles estavam tristes.

— Chris, a madre está acamada. Por causa da idade, ela não tem mais forças para resistir.

— Vou até a cozinha e pegar algo para ela comer. Falarei com ela e verei se posso ajudá-la, pois ainda sou médico e acho que me lembro um pouco.

Chris entra no quarto onde a madre estava e lhe dá comida na boca, pois a fraqueza era grande e ela não mais conseguia se mexer.

— Madre, como a senhora está?

— Estou chegando ao meu fim, e sei que nada mais pode ser feito por mim. Estou contente por ter sobrevivido a tudo o que aconteceu, pois sinto que fui uma privilegiada.

— Não sei se a morte não seria a melhor coisa.

— Não. A morte é necessária, porém, se não vivêssemos e se não lutássemos pela vida, seríamos mais almas perdidas. Não me traga mais comida, guarde para os que necessitam. Quando morrer, quero que você me creme, como fez com Penélope. É meu último desejo.

— Que assim seja.

A madre puxa Chris e lhe beija na testa. Justin e Eduard observam da porta. Os braços da madre perdem a força e caem, seus olhos fecham e seu último suspiro é dado.

Chris pega a madre no colo e a coloca em cima de um trenó, coloca pólvora em cima do corpo e arrasta o trenó para o quintal. Chris acende o fogo e se ajoelha na neve. Justin e Eduard observam ao seu lado, enquanto o restante observa pelas janelas quebradas, de dentro do mosteiro. Chris retorna ao aconchego do mosteiro, junto de seus dois companheiros.

O tempo foi passando, e as atividades continuavam. Já tinham muita coisa escrita, que juntando tudo, daria um livro mais grosso que a Bíblia.

— Este documento nos acompanhará para onde formos, desta forma, as futuras gerações saberão o que aconteceu, podendo desta forma saber onde erramos e o que eles não devem fazer. Façamos mais cópias deste manuscrito para que quando seguirmos, cada um ao seu destino, possa levar uma cópia.

— Você está pensando em nos abandonar, Chris?

— Eduard, tenho que voltar para o Sul. Quando o tempo começar a melhorar, o que espero que seja logo, tenho que rever minha família e amigos. Justin irá comigo, assim como Luciana e Lilian.

— Mas...

— Eu gostaria que vocês me acompanhassem, se assim desejarem. Serão muito bem-vindos.

— Não sei. Se ficarmos, não conseguiremos manter-nos por muito tempo.

— Eduard, você e Earl são guerreiros e líderes exemplares e imbatíveis. Não duvidem disso. Converse com todos e vejam suas vontades. Vocês escolhem seus destinos. Nós escolhemos o nosso.

— Verei o que faremos.

Muitas cópias dos manuscritos foram feitas. Os meses foram preenchidos por escritas e conversa.

— Pessoal, corram aqui.

— O que foi Justin, pergunta Lilian assustada.

— O sol está retornando. O céu está se abrindo.

Todos riem e comemoram como se fosse o maior presente que receberam em toda vida, o que de certa forma, seria realmente.

Chris abraça Luciana e a beija ardentemente.

— Quando retornarmos e nos restabelecermos, poderemos gastar nossas energias, preenchendo nossas vidas com filhos e família, dando um novo recomeço à humanidade.

Luciana chora de emoção.

Mais algumas semanas se passaram, e os gelos das árvores começavam a derreter. Alguns pedaços de chão já podiam ser vistos. Chris e Justin começavam a fazer os preparativos para a longa jornada. Lilian e Luciana se fortaleceram psico e fisicamente para a viagem.

— Nossos corpos estão fortes, nossas mentes estão obstinadas e nossa alma está repleta de fé. Estamos prontos para a jornada que nos levará para uma nova vida.

— Bonitas palavras Justin.

— Obrigado Lilian. As coisas já estão no trenó?

— Sim. Temos mantimentos e agasalhos, pois apesar do sol, ainda venta muito e o frio é forte.

— Como vocês vão, pergunta Eduard.

— Vamos andando. Sei que parece loucura, mas as estradas acabarão aparecendo e alguns carros ficarão livres. Vamos ficar trocando de carros e desta forma vamos indo. Demoraremos meses até nosso destino, porém, chegaremos lá. Sinto por vocês não irem conosco.

— Ficaremos aqui, e tentaremos transformar este lugar em um santuário para outros sobreviventes e viajantes que um dia possam aparecer.

— Respeito e admiro sua determinação. Você é um bom homem e sei que todos estarão bem sob seu comando.

— Espero. Adeus meus caros companheiros.

— Adeus. – Todos respondem em coro.

Eles se viram e começam a caminhada. Justin e Chris puxam o trenó, com cordas amarradas na cintura.

— Teremos muito tempo para conversarmos, mas tenho que lhes perguntar. O que vocês mais gostavam de fazer, antes que tudo começasse?

— Interessante esta pergunta, Lu. Eu começo. Eu gostava de músicas. Antes de dormir, eu ligava meu aparelho de som, e escutava músicas por horas, até pegar no sono, fala Chris, olhando para cima, como se relembrasse os detalhes.

— De que artista você mais gostava?

— Eu gostava de um cantor inglês, chamado Meatloaf. Além de um excelente cantor, ele era um poeta e muito místico. Agora você, Lu.

— Eu sinto falta de velocidade. Gostava de correr com meu carro. Tinha um Maverick turbinado. Eu pegava as estradas e descia o pé. Adorava a adrenalina.

— Este é um lado seu que eu não conhecia.

— Para falar a verdade, esta é a única loucura que eu fazia. Agora é a vez de Lilian.

— Minha mãe não deixava que eu saísse, então meu passatempo predileto era assistir filmes, embaixo de um cobertor, com muita pipoca. No verão eu ligava o ar condicionado no máximo até ficar bem frio, e passava horas em frente da televisão. E você, Justin?

— Eu gostava de ir às galerias de arte. Eu tinha uma certa paixão por esculturas e pinturas. Apreciava Rodin, Rembrandt, Michelangelo, Leonardo e principalmente Gustave Doré, com sua arte sacra, pintando trechos da Bíblia.

Todos relembravam o passado de forma nostálgica. Quando anoitecia, eles entravam em alguma cidade e dormiam em casas abandonadas, sempre pedindo licença aos espíritos que ali poderiam estar vagando. Tomavam banho nestas casas, pois os reservatórios de muitas ainda estavam intactos. Deixavam a água escorrer por bastante tempo, depois a usavam. Ao amanhecer tentavam ligar os carros, porém em vão, pois as baterias estavam descarregadas, logo em seguida, seguiam viagem.

Dias e dias se passaram, e a solidão se fazia presente. De vez em quando, chovia e esfriava mais ainda o tempo. Sempre que isso acontecia, ficavam escondidos em casas.

— Vejam o que achei. O dono desta casa colecionava espadas. Que saudade da esgrima.

— Não sabia que você fazia esgrima, Chris.

— Acho que ainda descobriremos muita coisa um do outro. Vou tomar a liberdade de pegar algumas.

— Você acha prudente?

— Acho que, além de proteção, nos ajudarão a caçar. Mesmo com as balestras que trouxemos, não custa levá-las.

— Por que proteção?

— Lu, você está familiarizada com o TAO.

— Sim.

— Então, você sabe que se nós sobrevivemos...
— O outro lado também.
— Infelizmente.
— Espero não entrar em conflito com eles.
— Tomaremos cuidado, mas acho que eles estão em outro lugar. Algo me diz que eles estão no deserto escarlate, um deserto árabe muito sombrio de Roba el-Rhafiyeh, que quer dizer espaço vazio, onde supõe-se existir criaturas que dominaram este planeta antes de serem expulsos pelos anjos, permitindo que os humanos pudessem existir e viver aqui.

Onde estão Lilian e Justin?
— Estão lá fora.
— Vamos ver o que estão aprontando.

Mal saem de casa, Justin os surpreende.
— Vocês não imaginam o que achamos.
— Não fazemos nem idéia, fala Chris em tom irônico.
— Cavalos. Muitos cavalos.
— Onde?
— Lá atrás. Esta região era de muitas pastagens e haras. Alguns conseguiram sobreviver, só não me perguntem como.
— Não o faremos. Aceitemos este presente. Só espero que sejam dóceis.
— Lilian foi ao celeiro procurar selas e acessórios. Vamos ajudá-la.

Lilian encontrou muitos acessórios e armas de fogo.
— Bom trabalho, filha. Vamos levar cinco cavalos. Um para cada e um para o trenó. Acho prudente pegar algumas armas e munições. Rezemos para não precisarmos usá-las.

Quando a chuva parou, já era noite, e todos dormiram para acordarem cedo. No dia seguinte, eles montaram nos cavalos e seguiram viagem.

— Que maravilha, a viajem será muito mais rápida.
— Silêncio Justin, estou escutando algo.
— O que, Chris?
— Cantos de pássaros. Escutem.
— É verdade. Que música maravilhosa, fala Lilian, extasiada pelo som da vida.
— Se forem pardais, eles anunciam a chegada de almas que reencarnarão.
— Eu não sabia disso, Chris.
— É uma antiga profecia judaico-cristã. Eles anunciarão a vinda de nosso filho.

Luciana pega a mão de Chris e aperta, olhando nos olhos e sorrindo demonstrando uma alegria.

— Chris, o que é aquilo. Parece ser fumaça.
— Acho que é sim, Justin. Vamos até lá para ver.

Ao chegarem a uma pequena aldeia, adultos e crianças brincam e se divertem na neve.

— Acho que o povo daqui não nos fará mal, fala Chris apeando do cavalo.
— Crianças, quem é o responsável?
— É aquele homem. Ele é um padre. Seu nome é Leon.
— Com licença, padre Leon. Estávamos passando e vimos a fumaça. Estamos contente de finalmente encontrarmos mais sobreviventes.
— Estamos tão contentes quanto vocês. Agora que vimos mais sobreviventes, sabemos que não somos os únicos. Para onde vão?
— Estamos indo para a serra catarinense, como era chamada. Estamos indo na esperança de encontrarmos meus antigos amigos, e lá, começarmos uma pequena colônia.
— Almocem conosco. Temos muita comida e água. A caça está voltando e as nascentes aqui não estão envenenadas.

— Aceitaremos com prazer. Em quantos vocês estão?

— Entre adultos e crianças, o total é de trinta e duas pessoas.

Os outros três, apeiam dos cavalos e os amarram nas árvores. Todos sentam ao redor da fogueira e conversam, trocando estórias e experiências. Além de encontro com anjos.

— Então você era o famoso estigmata?

— Eu não digo famoso, mas sim, eu era o estigmata que matou a hospedeira.

— Nós lhe devemos muito.

— Não fale isso. Não fizemos mais nada do que nossa obrigação. Sabíamos o que deveríamos fazer, e o fizemos.

Todos almoçam e riem dos contos do imaginativo Joseph, um senhor de idade bastante avançada, porém com espírito de criança.

— Agradecemos a todos pela hospitalidade, mas devemos partir. Levaremos palavras de esperança para os que encontrarmos no caminho.

— Adeus, e que os anjos os guiem.

Os quatro cavaleiros seguem viagem, de estômago cheio e com os ânimos renovados.

Dia após dia, cidade após cidade, mais e mais sobreviventes eram encontrados, todos vivendo em aldeias e em plena união e harmonia.

Os quatro cavaleiros levavam palavras de esperança, anunciando que haviam muito mais sobreviventes, e que deveriam manter a fé e trabalharem muito para poderem recomeçar. O que mais intrigava a todos, eram as mesmas estórias de anjos, auxiliando e guiando a todos.

O mal não se fazia presente. Era como se o mal estivesse em outro lugar, talvez em outro país, ou continente.

Não importava muito. O que eles queriam era poder chegar em casa. Mais uma noite cai, e os quatro entram em uma casa.

— Chris, você pegou aquela faquinha que estava junto das espadas.

— Sim, por quê?

— Me dê ela e sente aí.

— Para quê?

— Para que eu volte a ver o seu rosto. Vou lhe fazer a barba. Você sabe que lugar é este?

— Acho que é Curitiba.

Chris senta na banheira da suíte e Luciana faz sua barba.

— Sabe, meu amor. Antes que tudo acontecesse, eu nunca deixaria alguém chegar tão perto do meu pescoço com uma lâmina. Nem Penélope conseguiu.

— Finalmente, você está começando a se abrir para o mundo. Solte seus sentimentos.

— Uma coisa de cada vez.

Luciana termina, e pega um pequeno espelho que estava no chão.

— Gostou?

— Finalmente estou voltando a ser gente. Estava me sentindo um animal. Vamos tomar banho.

— Acho que será a primeira vez que você me verá totalmente nua.

— Eu sei.

— Não sei se estou preparada para que você me veja toda marcada. Eu sempre evitei. Além do mais, não me sinto à vontade na casa dos outros.

— Não vou forçar e lhe respeito. Quero que nossa primeira vez seja perfeita, e não forçada. Não se preocupe, eu sei esperar. Em relação às tatuagens, eu já disse que não me importo. Eu te amo.

Chris a abraça por trás, delicadamente, e lhe dá um beijo no ombro. Ele entra no banho e Luciana aguarda, indo logo depois da saída de Chris. O mesmo ocorrera no outro quarto. Chris vai até a sala e encontra um pacote de cigarros guardados em um armário.

— Justin, achei cigarros.
— Ótimo, já vou. Ei, Luciana também te fez a barba?
— Pelo jeito, elas combinaram. Pegue.

Chris joga um cigarro para Justin, que com muito cuidado, acende com pólvora.

— Sei que você é o pai dela, mas somos amigos, e tenho que lhe perguntar. O que está acontecendo com elas?
— Elas querem que seja tudo perfeito, e não na casa de pessoas que nunca viram e hoje se sabe que estão mortas e nos vigiando em espírito. A hora chegará, não se preocupe. Fume seu cigarrinho e respeite o momento delas.
— Tem razão, obrigado.
— Pessoal, vejam o que encontrei embaixo da cama, Luciana fala empolgada.
— Um micro-sistem. Justin, vamos procurar pilhas. Quem sabe damos sorte.

Lilian aparece com um pacote lacrado de pilhas.

— Excelente filha. Eu vi no escritório alguns CD's.

Chris acha um Cd romântico, o único intacto. Eles colocam no aparelho.

— Está funcionando. Eu não acredito, que maravilha. Você me dá o prazer desta dança?
— É claro.

Luciana abraça Chris e começam a dançar.

— Eu não sei dançar.
— Não se acanhe, Justin, eu te ensino.

Lilian abraça Justin, e os dois casais dançam até a exaustão, escutando o mesmo Cd por horas.

— Vamos apagar as velas, pois já estamos com poucas. Mais alguns dias, deveremos estar chegando ao nosso destino.

Os quatro dançam no escuro. Começam a ver luzes e escutar barulhos.

— O que será que está acontecendo?

— Não sei Lu, mas não sinto energia perversa.

Vários anjos se materializam na sala e observam os casais dançando.

— Estou com medo, Justin.

— Não sinta, Lilian. Eles são anjos. Um deles nos guiou aquela vez em Campinas.

Os anjos assentam com a cabeça e abrem um belo sorriso.

— Estamos contente por termos escolhido certo. Sempre estaremos com vocês. Voltaremos a ser mais atuantes neste planeta, pois NOSSO PAI nos deu permissão para ajudar no recomeço.

— Obrigado, filhos de DEUS, grita Chris ao perceber que eles estavam indo embora. — Sabem, já faz muito tempo que eu não tenho um pensamento e um sentimento ruim.

— Acho que você falou por todos, meu amor.

Todos acabam dormindo na sala.

10
A PERDA DA INOCÊNCIA

Ao acordarem no dia seguinte, Chris se levanta e vai até o quarto. Após se lavar, vai ao guarda-roupas, e procura algo para vestir, algo que sirva. Luciana acorda e o vê experimentando as roupas.

— Bom dia, como você dormiu?

— Como há muito não o fazia. Dormi como um bebê. E você?

— Ainda estou impressionada com a visita de ontem, e ao mesmo tempo, extasiada.

— Ótimo.

— Você acha prudente usar estas roupas?

— Cansei de me vestir como padre. Achei estes jeans e camisetas que me servem. Parece que esta casa estava nos esperando. Além do mais, estes jeans protegem melhor nossas pernas enquanto cavalgamos.

— Será que posso pegar algumas roupas?

— Tenho certeza que os espíritos não vão se ofender, afinal, nada demais estamos fazendo. Só sugiro que não peguemos as roupas íntimas.

Luciana experimenta roupas, e acaba pegando várias calças e camisetas. Justin acorda e com Lilian também aceitam a idéia.

— Não quero rever meus amigos com vestimenta de padre. Quero que me vejam como sempre fui.

— Chris, estamos muito diferente de antes. Estamos mais magros e envelhecidos.

— Eu sei, principalmente eu, por causa de todo o sangue que perdi. Mas acho que eles me reconhecerão logo.

Todos pegam as roupas e colocam no trenó. Por estarem todos com o mesmo aspecto físico, misturam tudo em uma só trouxa. Montam nos cavalos e seguem viagem.

— Estou ansioso por encontrá-los.

— Eu sei, mas não nos apressemos, pois temos uma vida toda pela frente.

— Com você ao meu lado, a eternidade parece um dia. Não me imagino estar hoje aqui sem você ao meu lado. Se tivesse que enfrentar tudo sozinho, não teria sobrevivido aos outros estigmas, pois eu não teria forças para tal.

— Acho que está na hora de conversarmos sobre estas marcas. Apesar de não achar boa idéia, eu lhe contarei tudo. O meu medo é de que se você morrer por causa delas, eu me matarei.

— Justin, vá na frente com Lilian e com o outro cavalo. Eu e Luciana temos algo a conversar. Siga por esta estrada que nos levará diretamente ao pé da serra catarinense. Eles estão em São Joaquim, ou na região.

Não corra para que não nos afastemos. – Chris e Luciana começam a ficar para trás.

— Pode falar agora.

Luciana explica sobre a maldição e o que pode ou não acontecer com quem se deitar ao seu lado, em seu leito sem amor.

— Eu não duvido de você ou de seu amor, mas se você estiver confuso, quero dizer, se você estiver confundindo amizade ou gratidão com amor, você morrerá, e me levará junto.

— Entendo seu medo, e não lhe culpo pelas dúvidas e medos que a atormentam, porém, você deverá confiar em mim. Saiba que meu amor é real.

— Espero, do fundo de minh'alma que você saiba o que sente.

— Durante toda minha vida, sempre sofri de depressão e coisas do gênero, e confesso que isso sempre me confundiu. Hoje, por não mais sofrer destes males, consigo me conhecer a ponto de saber exatamente o que sinto. O que eu tinha com Penélope, confesso hoje, ter sido apenas gratidão, mas com você, é muito intenso e real.

— Posso saber quem lhe comprou?

Luciana levanta o pesado casaco e camiseta, e abre o botão da calça.

— Não sei ler isso e nunca procurei saber, mas sei que a assinatura dele está aqui, logo abaixo do meu umbigo.

— Você me disse que era ele, porém quem lhe comprou foi uma mulher.

Chris se admira enquanto lê o nome da Deusa.

— Apesar de estarmos galopando, consegui ler perfeitamente.

— Meus pais me disseram que era um homem, responde Luciana surpresa com o relato, enquanto volta a se arrumar.

— Ele lhe comprou para ela. Talvez fosse um presente. Terei que ler tudo. É por isso que ele nunca quis tê-la como amante.

— Acho que tive sorte.

— Dos males o menor.

— Quem é ela. Como é seu nome?

— Não acho prudente que você saiba. Quando eu estudava ocultismo, somente o simples fato de mencionarmos seu nome, mesmo que inocentemente, ela aparecia e fazia coisas desagradáveis. Somente lhe digo que era egípcia e muito temida.

— Não importa. Não quero mesmo saber.

— Esta era uma maldição para manter a virgindade, até ser encontrado o amor verdadeiro, o que ela nunca encontrou e achava não existir. Isso é uma forma de reforçar estas crenças. Provaremos a ela que somos capazes de amar.

Vamos nos aproximar dos dois. – Chris pega a mão de Luciana e beija.

— Como foi a conversa?

— Está tudo bem, filha.

— Fico contente. Pai, estávamos conversando o porquê dos anjos terem nos escolhido. Nos dê sua opinião.

— Fomos escolhidos pela nossa força e perseverança. Apesar de, em outras vidas termos matado, entre outras coisas, já nos redimimos. Ainda somos imperfeitos e temos muito o que pagar, porém, eles nos uniram para que um pudesse fortalecer o outro. Esta união que aqui se faz, não foi ao acaso.

— E se eles tivessem errado?

— Eles podem ler as almas e o que se passa nelas. Apesar dos humanos serem o TAO em sua essência, não importa a bondade ou a maldade, e sim o que é certo. Tenho certeza que o mal que sobreviveu, também não queria que o mundo acabasse, pois eles também queriam viver. Da mesma forma, existiam muitos que eram bons, mas queriam que o mundo acabasse de uma vez, para que tudo recomeçasse sem nós. É tudo uma questão de crença pessoal. Existe, desta forma, uma linha muito tênue entre o bem e o mal, certo e errado, etc.. Ser bom não significa que agiremos certo, ou vice-versa. Afinal, quem está certo, o que queria que o mundo recomeçasse sem os humanos, ou o inverso? Qualquer que seja a resposta, encontraremos pessoas de lados opostos concordando com a mesma coisa.

— É muito complicado.

— Isso é mesmo, porém, para não enlouquecer como eu estava, prenda-se em suas crenças, pois se forem certas para você, elas são certas. Não devemos julgar os outros por acreditarem em outras coisas, pois se eles são loucos para nós, tenho certeza que somos loucos para eles.

— E onde entra DEUS, nesta estória?

— ELE nos observa e aplaude quer erremos, quer acertemos, pois O OLHO QUE TUDO VÊ é neutro, e ELE nos observa sem julgamentos. ELE ama a todos da mesma maneira, desde o mais vil e cruel, ao mais santo e caridoso, desta forma, ELE sabe que sua criação está perfeita.

— Estou ficando com dor de cabeça.

— Mudemos de assunto.

Os quatro conversam e cavalgam até um novo pôr-do-sol, e recomeçam a cada novo nascer do sol. Semanas se passam, e Chris observa cada nascer e pôr-do-sol, como se fosse a última coisa que veria.

— Alan, sinto que algo está se aproximando.

— Como assim, Ton. Não entendi.

— Não sei se você vai acreditar, mas sinto a presença de meu irmão. Durante todo este tempo, achei que ele tinha morrido, porém, esta noite sonhei com ele. Sei que ele não está só, e logo o encontraremos.

— Você acha que devemos procurá-lo?

— Não. Sei que ele está vindo para cá. Eu sinto isso, como sinto o frio em meu corpo. Sei que parece besteira, mas sei que é real.

— Depois que aquele anjo nos ajudou, e que sobrevivemos, não mais duvido de nada. Como faremos para chamar sua atenção?

— Ainda temos aqueles fogos de artifício que não mais nos farão falta, pois já temos lenha para nos aquecermos. Soltaremos um a cada período do dia. Um de manhã, um à tarde e um à noite, até esgotarmos nosso estoque.

— Vamos conversar com os outros para ver se concordam. Não façamos nada sem uma votação, pois foi assim que sobrevivemos, e assim devemos continuar.

— Concordo.

Após convocarem todos os sobreviventes, decidem que os fogos poderiam ser usados. Bárbara fica feliz com a sensação de Ton, pois queria muito rever o amigo, da mesma forma se sentiram os outros.

Ton passou a acender os fogos como combinado, três vezes ao dia.

— Que barulho foi esse, Justin? Você escutou?

— Sim, Chris, foi um estouro ao longe.

— Será que isso é bom?

— Não sei, mas acho que devemos arriscar. Estamos perto de onde você os mandou.

— Pode ser um tipo de aviso para que os localizemos. Vamos começar a observar o céu e ver se existe um certo padrão. Não houve mais de um estouro. Espero que estejamos certos. O sol está bem acima de nossas cabeças. Deve ser aproximadamente meio-dia. Vamos parar para comer e depois seguiremos viagem.

Depois de uma rápida sopa de feijão enlatado, todos montam e continuam seguindo o caminho programado. Após horas de cavalgada lenta, escutam outro estouro.

— Vamos seguir os fogos. Tenho fé de que estamos perto. Acho que podemos confiar em nossa intuição, Chris fala animado.

— Acho que falo por todos, ao concordar, responde Justin, ainda que com uma vaga dúvida.

Ao anoitecer, não encontram nenhuma cidade, pois a neve naquela região já era comum em épocas normais, durante o quase fim, a neve encobriu as cidades, podendo somente ver alguns telhados que já estavam aparecendo com o ressurgimento do sol.

— Esperemos que não chova esta noite. Vamos pegar galhos fortes e grandes, e desta forma, faremos cabanas com os cobertores em meio as árvores, para nos protegermos dos ventos gelados.

Após algumas horas de trabalho, e de duas cabanas prontas, todos se sentam ao redor de uma fogueira. Mais enlatados são consumidos.

— Espero que estejamos perto, pois nossas provisões estão acabando. Logo teremos que tentar encontrar algo para caçarmos ou talvez sacrificarmos um cavalo.

— Temo que você esteja certo, Chris, porém me machucaria muito em ter que matar um de nossos companheiros, que tanto nos ajudaram.

— Eu sei Justin, mas também sei que eles nos foram dados como presente, e sei que seus espíritos sabem das suas funções. Eu agradeço de coração o que eles têm feito por nós, mas de acordo com os indígenas norte-americanos, sua subserviência lhes dá o poder de se doar em nome da sobrevivência de outros. Porém, se o fizermos, não deixemos que sofram.

— Entendo, porém, ainda sinto.

Todos se recolhem em suas cabanas improvisadas.

— O chão está um pouco frio, apesar de toda proteção que pusemos.

— Lu, gostaria de ler tudo o que está escrito em você. Não se envergonhe.

Luciana se despe embaixo de pesadas mantas e se deita. Chris começa a ler e lentamente acaricia o corpo nu de Luciana, que não resiste ao toque, e se entrega sem medo. Após o ato de amor, escutam mais um rojão, desta vez, acompanhado por um clarão. Permanecem abraçados, como se temessem um dia, serem separados novamente.

— Sinto estarmos cada vez mais perto.

— Sinto o mesmo.

— Suas marcas desapareceram, e nós não morremos. Como você está?

— Esta foi a noite mais feliz de minha vida. Sei que pela primeira vez, sou amada.

— Como foi para você?

— Por não ter referências anteriores, não posso comparar, mas cheguei ao clímax de forma extasiante.

— Fico feliz. Para mim, foi a melhor experiência de minha vida. Sentir seu toque e seu beijo, foi como se eu o fizesse pela primeira vez. Seu perfume é como se todas as flores extraíssem o melhor delas e se transformassem em você. Seu toque suave, sua pele macia e lisa, seus lábios úmidos, seu olhar de prazer, foi o melhor presente que eu poderia ganhar. Voltei a sentir, voltei a ver, voltei a escutar. Hoje sei que o que eu precisava era o seu amor, para que minhas feridas se curassem definitivamente. Sei que agora, eu posso dizer, sem medo. Eu te amo.

Chris dá um longo beijo em Luciana.

— Sinto o mesmo. Todos estes anos, sem poder sentir um toque mais profundo em meu corpo, me deixaram amargurada. Sei agora que sou amada e posso retribuir.

— Meu sangue está por todo lugar, inclusive em você, o que faremos?

— O sangue da inocência é o mais poderoso instrumento da magia. Não se preocupe comigo. Vamos dormir, e amanhã cuidaremos disso, pois a noite está extremamente fria, não devendo ser desafiada. Fique ao meu lado, e vamos descansar um pouco. Amanhã tentaremos chegar ao nosso destino.

Ambos adormecem abraçados, coberto por mantas e sangue.

Ao nascer do sol, a claridade começa a incomodar os dois casais acampados. Chris pega gelo e esfrega no corpo, para amolecer o sangue, desta forma podendo se limpar. Luciana faz o mesmo. Ambos se vestem e começam a recolher tudo.

— Acho que devemos queimar estes cobertores. Não nos farão falta, pois pegamos muitos durante toda a viagem.

— Concordo Chris. Não acho legal levarmos isso conosco.

Chris coloca fogo em tudo, apagando assim, as marcas da noite anterior.

— Justin, acorde, temos que ir, grita Chris.

— Como nos limparemos? Não quero que seu pai nos veja desta maneira, sussurra Justin para Lilian.

— Se lavem com gelo. Depois colocaremos fogo nas mantas, grita Chris, novamente.

183

— Acho que ele escutou, e pelo que parece, não fomos os únicos a passar a noite acordados.

Justin e Lilian se apressam. Aproveitam o fogo aceso para queimarem o restante das cobertas. Após tudo arrumado, montam em seus cavalos e seguem em direção ao clarão que avistaram na noite anterior.

— Chris, sei que você leu tudo o que interessava. Quem me comprou?

— Foi um maldito feiticeiro atlante. Você foi um presente a uma grande Deusa maldita do Egito.

— Você não vai me falar o nome dela, não é mesmo?

— Não. Você não precisa saber. Tudo está acabado, e ela é extremamente perigosa, para que possamos mencionar seu nome sem fazê-la sentir onde estamos. Ela já deve saber que a perdeu, e isso já basta como castigo e lição, pois provamos a Ela que existe amor. Existe mais um pequenino detalhe, que por você era desconhecido.

— O quê?

— Na verdade, ela queria duas provas. A primeira, era saber se o amor existia, e o segundo, era saber se ele resistiria aos problemas.

Mal termina de falar, Chris se assusta com mais um rojão. — Bem na hora.

— Que problemas podem acontecer?

— Meu amor, sinto lhe dizer, mas não teremos filhos. Ela quer saber se o amor resiste sem o fruto do ventre.

Luciana chora.

— Sinto ter que lhe dizer isso, mas cedo ou tarde, você saberia, e não quero que pense que eu escondi propositadamente isso de você.

— Eu é que sinto, pois sei o quanto você queria um filho.

— O que eu quero é você ao meu lado, o resto é conseqüência.

Chris apeia do cavalo, e se senta atrás de Luciana. Chris amarra as rédeas de seu cavalo na cela em que estão. O casal cavalga abraçados, fazendo com que Luciana se sinta mais segura, e menos culpada, apesar de não tê-la.

— Acho que os dois estão com problemas.

— Não vamos nos meter nisso, Lilian. Percebi que as marcas no corpo dela desapareceram, acho que é um bom sinal.

— É um excelente sinal, porém, algo mais aconteceu. Concordo com você em não nos metermos.

Os quatro continuam sua jornada. Justin e Lilian se aproximam de Chris e Luciana.

— Pai, será que estamos perto?

— Sinto que sim.

Cavalgam o dia inteiro, subindo a serra, parando somente para comerem algo. Ao cair da tarde, os quatro começam a ver fumaça.

— Acho que estamos muito perto, porém, não sei o quanto. Vocês acham que devemos continuar ou devemos acampar e ir ao amanhecer? – pergunta Chris, já muito cansado.

— Acho que devemos acampar. Uma noite a mais não fará muita diferença. Devemos descansar para termos força quando lá chegarmos, responde Luciana.

— Concordamos, pois estamos cansados. Vamos montar acampamento.

Justin apeia do cavalo e começa a retirar os utensílios do trenó.

Todos seguem Justin. Após montarem novamente as tendas improvisadas, sentam ao redor da fogueira e jantam.

— Luciana, sinto que você não está bem. O que houve?

— Eu estou me sentindo um pouco culpada por não poder lhe dar o que você quer.

— Você me deu mais do que eu poderia querer. Voltei a amar e sinto que meu ódio se dissipou em uma nuvem de fumaça. Observe o fogo. Ele queimou todo o ódio que eu sentia. Outro presente que você me deu, foi o de ter me perdoado pelo erro que cometi no México. Você me dá amor e carinho, o que mais posso querer?

— E a ...

— Esqueça a criança. O destino reservou isso para nós. Poderemos nos concentrar mais em nós mesmos. As condições climáticas não são favoráveis a uma criança. Demorará muito até que o clima se estabilize novamente, talvez nunca mais vejamos um clima quente. Não se culpe, pois na verdade, quando cometi o erro no passado, eu a fragilizei, deixando-a suscetível aos fatos que ocorram. Se existe algum culpado, que seja eu.

Justin e Lilian começaram a entender o que se passava.

— Lu, levante a cabeça e recomece a viver. Agora encontramos nossos pares e devemos aproveitar o máximo possível enquanto estamos juntos. Não se martirize por algo que está além do nosso alcance, fala Lilian, quebrando a tentativa de não se intrometer.

— Obrigado filha. Acho que agora ela vai se acalmar.

Chris se vira para Luciana, a abraça e a beija.

— Eu já tive que enfrentar a morte de uma pessoa querida, que ficou insana pela fragilidade. Se algo acontecer com você, eu não suportarei. Apague isso de você e volte a ser forte.

— Estou um pouco melhor. Acho que isso é cansaço. Vou me deitar.

Luciana se levanta e vai para a tenda.

— Filha, por favor, vá com ela e converse. Não posso imaginar o que farei, se algo de ruim acontecer com ela.

— Farei o melhor possível.

Lilian segue Luciana.

— Chris, acho melhor que as deixemos dormir juntas. Vamos dormir na outra tenda. Eu vou me deitar.

— Perdi o sono. Vá e logo irei, assim que o sono chegar.

Chris espera que Justin se retire e entre na tenda. Ele se levanta e entra na floresta, em meio as árvores. Começa a andar sob a luminescência da lua cheia. Após alguns minutos, encontra uma enorme árvore, onde acaba se encostando. O sono começa a surgir. Protegido somente pelos pesados casacos, dorme profundamente.

— Venha meu irmão. Me siga para que eu lhe mostre algo.

— Quem é você?

— Sou o espírito desta árvore, e o chamei até aqui.

— Como sei se posso confiar em você?

— Seu corpo jaz deitado aos meus pés. Se eu intencionasse o mal, tiraria a vida do corpo.

— Saí de meu corpo?

— Exatamente. Agora me siga.

Os dois seguem por uma trilha escura e assustadora. Após uma longa caminhada, chegam em uma enorme caverna, onde encontram um Dragão.

— Você sabe quem sou? – fala o Dragão, com uma voz estrondosa.

— Sim. Você é um anjo da Terra.

— Exato. Desde a sua infância o observamos e o guiamos da melhor forma possível. Assim como os filhos de DEUS, os filhos de Gaia[17] voltarão a interferir diretamente no planeta, para ajudarmos nossa Mãe a se recuperar e se curar.

---

[17] **Gaia** – *Deusa da terra na mitologia greco-romana, também conhecida como* **Geia**, *era nascida do caos, mãe de Urano, seu filho e esposo. Também criou os dragões, chamados anjos da terra.*

— Sempre senti vocês comigo, e sei que muito do que aprendi, foram vocês que me ensinaram.

— Não apareceremos da mesma forma que os anjos, pois sua espécie sempre temeu a minha. Apareceremos somente para você e mais alguns escolhidos, para lhe ensinar tudo sobre a nova natureza, plantas, pedras, etc., para que vocês usem este conhecimento para ajudar e curar, sem nunca, jamais, pedir nada em troca.

— Como assim, nova natureza?

— Nossa Mãe vai se curar e se refazer. Ela criará novas plantas e pedras para que os sobreviventes possam fazer uso. Tudo o que acontece com nossa Mãe, é imediatamente transmitido para nós, fazendo com que conheçamos exatamente tudo sobre tudo.

Somos criaturas antiquíssimas, pois fomos criados muito antes de toda a vida. Somos imortais, sábios e amamos nossa Mãe. Temos a missão de lhes instruir sobre como sobreviverem às novas regras. A era da magia está retornando, com a queda da era da tecnologia. Você será treinado para ser um mago e curandeiro, enquanto seu corpo descansa durante as noites. Seu espírito será guiado até mim, para que eu possa começar os ensinamentos. Você deve escrever tudo o que aprender, deixando um tratado para as novas gerações. Começaremos assim que vocês chegarem ao seu destino. Adeus, amigo dos Dragões. Estaremos vigiando seus passos.

— Como devo chamá-lo?

— Fatar, pois meu nome real é impronunciável pela sua espécie.

O espírito de Chris retorna ao seu corpo.

11 O REENCONTRO

— Meninas, acordem, não consigo encontrar Chris.

Luciana corre para fora, sendo seguida por Lilian.

— Achamos que ele estivesse com você, fala Luciana preocupada.

— Eu fui dormir, e ele ficou mais um pouco. Adormeci e não vi mais nada.

Os três começam a gritar o nome de Chris, procurando-o por toda a parte.

— Não o achamos. Sei que ele está bem. A claridade vai acordá-lo e ele deve aparecer logo. Vamos arrumar as coisas e esperar por ele, fala Justin, tentando não transparecer sua preocupação.

Depois de alguns minutos, Chris retorna, com um sorriso maroto no rosto.

— O que houve com você? Estávamos preocupados.

— Estou bem. Vamos continuar a viagem e eu lhes explicarei no caminho.

— Como você está, Lu?

— Estou bem melhor. Acho que fiquei um pouco deprimida, até mesmo, por causa da exaustão. Não se preocupe, pois vou me recuperar.

— Fico feliz ao escutar isso. – Chris pega a mão de Luciana e beija.

Chris narra detalhadamente o que acontecera.

— Você pode confiar neles?

— Sim Lu, da mesma forma que podemos confiar nos anjos. Assim como existem os anjos caídos, alguns Dragões também o fizeram.

— Quem são eles?

— Quando DEUS criou o planeta, ele criou um ser vivo, desta forma, tendo um espírito, que chamamos de Gaia ou Géia. Gaia ao nascer, tomou conhecimento de DEUS e dos anjos, que ELE havia criado para ajudá-lo. Gaia, ao ver o que os anjos podiam fazer, pediu permissão à DEUS para que ela pudesse criar protetores e ajudantes. Após receber a permissão, ela criou os Dragões, os elementais e os espíritos da natureza.

Ela não podia criar seres com a forma humana, por isso, criou um ser com as características dos animais, que seriam os habitantes do planeta, e deu aos Dragões um corpo com partes de dezenas de animais e lhes deu sete cabeças, quatro delas, representando os quatro elementos, duas delas, o bem e o mal, e por último, a cabeça da razão e neutralidade.

Com o passar dos anos, Gaia uniu todas as cabeças em uma só. Somente os primeiros Dragões possuem sete cabeças. Os demais nasceram somente com uma. Os de sete cabeças, não interferem diretamente, assim como os mais altos da hierarquia angelical, somente observam e guiam. O que eu encontrei, tinha somente uma cabeça.

— Isso tudo parece um pouco de fantasia, quero dizer, meio conto de fadas medieval.

— Meu amor, centenas de povos antigos os conheceram e os reverenciaram. Sempre soube da existência deles e fico feliz por estarem de volta.

— Se você confia neles, eu também.

— Estamos muito perto daquela aldeia. Espero que sejam eles, pois se não forem, acho que minha vontade fraquejará.

— Não se entregue. Enquanto estivermos juntos, nossa busca nunca perderá força.

— Que bom escutar isso de você. Agora sei que você está recuperada.

— Desta vez, sou eu quem vai mudar de cavalo.

Luciana apeia e sobe no cavalo de Chris, que a abraça por trás e beija seu pescoço.

Seguem cavalgando, até escutarem mais um rojão, que estoura muito perto deles.

— Mais algumas horas, estaremos chegando.

Depois de algumas horas de cavalgada, encontram três pessoas tomando banho em um gelado rio.

— Quem são vocês?

— Estamos procurando minha família e alguns amigos. Não está um pouco frio para um banho gelado?

— Estamos acostumados. Entrem e nos acompanhem.

Chris apeia do cavalo e se despe, ficando somente com uma fina calça que usa por baixo da pesada calça jeans. Ele dá um mergulho na parte mais funda.

— Venham, não está tão frio.

Luciana se despe, ficando somente com uma camiseta e também com uma fina calça. Justin e Lilian demoram um pouco mais para aderir à idéia, porém, acabam cedendo.

— De onde vocês vêm?

— Estamos vindo do interior de São Paulo, mais precisamente da antiga cidade de Campinas.

— Quanto tempo de viagem?

— Perdemos a conta, somente tendo noção de que foram alguns meses. E vocês, são daqui?

— Sim. Nos unimos a um grupo grande que veio do Sul. Eles vieram em alguns ônibus e nos ajudaram a sobreviver. Ajudaram mais dezenas de famílias. Devemos muito a eles.

— São eles quem procuramos. Onde podemos encontrá-los?

— Venha conosco, e eu os levarei para conversarem com o líder. Ele se chama Alan. Se o que você fala é verdade, é por causa de vocês que eles soltam fogos, podendo desta forma guiá-los.

— Ele é meu melhor amigo. Graças ao universo, chegamos em casa. Tinha certeza sobre os fogos. – Chris dá um forte abraço em Luciana.

— Vocês estão à pé?

— Sim.

— Vamos dividir os cavalos. Estamos longe?

— Mais ou menos uns cinco quilômetros. Chegaremos em tempo do almoço.

Todos se secam e se vestem. Montam nos cavalos e seguem em direção a aldeia. Ao chegarem, encontram um enorme portão, sendo vigiado por dois homens armados.

— Quem são vocês?

— Procuramos Alan.

— Como você se chama, para que possamos anunciá-lo?

— Christopher. Ele me conhece.

O portão se abre imediatamente. Alan estava perto

e escutou a conversa. Todos entram e Chris pula do cavalo ainda em movimento e corre para o amigo, dando um demorado abraço.

— Não acredito que vocês chegaram. Ton nos avisou e começamos a ter fé novamente. Não acredito que vocês sobreviveram.

Bárbara que escutava tudo, corre em direção da casa de Ton, avisando a todos pelo caminho. Carl e sua esposa correm para o portão, e logo Ton e sua esposa seguem Bárbara até o encontro deles.

Todos se abraçam e comemoram muito.

— Eu quero lhes apresentar minha família. Esta é Luciana, minha nova esposa, esta é Lilian, minha filha, e meu genro Justin, que vocês já conhecem. Daremos mais detalhes com o tempo.

Todos se dirigem à grande mesa num refeitório, onde almoçam carnes e vegetais frescos.

— Nosso plano deu certo. Ficamos neste hotel e tomamos algumas casas vizinhas. Conseguimos salvar os animais, protegendo-os no celeiro pertencente ao hotel, e conseguimos plantar algumas coisas nestas incubadoras que pertenciam aos moradores. Conseguimos sobreviver sem muitos problemas. As nascentes não estão envenenadas, e portanto, não passamos por dificuldades.

— Fico muito satisfeito com isso.

Todos se retiram da mesa e caminham. Bárbara se apressa em fazer amizade com Luciana e Lilian, ficando mais atrás.

— Alan, não encontrei nenhum dos mais velhos. O que houve com eles?

— Deixe que eu responda Alan. – Ton interfere. – Os mais velhos pouco acreditaram nas estórias. Alguns se recusaram a vir, e os que vieram, infelizmente não sobreviveram ao cataclismo rigoroso. Sobramos somente nós, os mais jovens. Algumas crianças também faleceram. Cremamos os corpos para que não pudessem espalhar doenças. Guardamos as cinzas e etiquetamos.

— Sinto por todos eles, mas fico feliz que vocês tenham sobrevivido. Espero que vocês tenham um canto para mais dois casais.

— Temos sim. O hotel tem mais algumas suítes nupciais, que agora serão de vocês. O que houve com Penélope?

— Ela enlouqueceu e se matou.

— Sinto muito.

— Obrigado. Vamos nos reunir mais tarde e trocar experiências. Quero saber tudo o que aconteceu, desde o início, como vocês vivem, o que fazem, etc. Agora eu necessito de descanso em uma boa e confortável cama. Sei que Luciana, Justin e Lilian pensam o mesmo.

— Venha, meu irmão. Eu os levarei até lá. Estas duas suítes ficam na cobertura. Eu moro naquela casa branca, Carl mora naquela marrom e Alan mora na outra marrom. Qualquer coisa que precisarem, estaremos lá. Os outros moram aqui no hotel.

Após deixarem os casais em seus quartos, todos se retiram e se dirigem aos seus afazeres diários. Os dois casais dormem por horas, até serem acordados por um sino.

— O que será que houve?

— Não sei ao certo, Lu, mas acho que eles estão anunciando o fim de mais um dia de serviços.

— Eu não sei em que poderei ajudar, pois o que estudei de nada vale aqui.

— Não se preocupe, daremos o melhor de nós. Vamos tomar um banho e descer.

Chris se levanta e se dirige ao banheiro.

— Não acredito, além de água encanada, ela está quente. Acho que é aquecedor solar. Eles devem ter sofrido um pouco, até sair o sol, porém, agora eles estão muito bem.

— Vou acompanhar você.

Luciana se despe e vai até a banheira, que se enchia de água quente.

Luciana e Chris deitam na banheira e permanecem abraçados, até serem chamados.

— Chris, está perto da hora da janta, grita Ton do corredor.

— Estamos indo.

— Justin e Lilian já desceram. Esperaremos vocês lá. Não demorem.

Luciana sai da banheira e se arruma, sendo seguida por Chris. Logo em seguida descem as escadas até o antigo restaurante do hotel, onde todos se encontravam, sentados ao redor de pequenas mesas redondas.

— Chris, sente-se aqui conosco para conversarmos, grita Alan, que dividia a mesa com Ton, Carl e Justin.

— Luciana fica com nossas esposas, podendo desta forma, ser inteirada sobre nossas funções.

Chris beija Luciana e cada um se dirige ao seu lugar.

— Chis, enquanto esperamos a janta, conversemos. Quero lhe falar sobre nossas funções e mais à noite, trocaremos experiências, fala Alan.

— Comecemos então.

— Gostaríamos de lhes dar as boas-vindas, e dizer o quanto estamos felizes com o seu retorno. Bom, aqui todos trabalhamos de forma comunitária, como sempre conversamos. Cada um cuida do outro, sempre solidariamente. A maioria cuida dos animais que conseguimos salvar e da horta. Existem seis guardas que se revezam diariamente nos portões. As mulheres tomam conta das crianças, lavam roupa, cozinham e costuram. Gostaríamos que você se tornasse nosso médico.

— A propósito, parabéns pela gravidez de Bárbara.
— Como soube?
— Eu senti, mas não vem ao caso. Percebi que mais algumas mulheres estão grávidas. Será um enorme prazer cuidar disso. Pegarei uma salinha que esteja vazia, aqui no saguão e transformarei em um consultório. Ficarei encarregado da saúde do pessoal.
— Outra coisa, gostaríamos que você nos liderasse.
— Como assim?
— Eu, Ton e Carl dividimos esta função, porém, achamos que você é o mais indicado. Cada um sabe sobre seus deveres. A liderança é somente para caso de algum problema, o que até hoje não aconteceu, e esperamos que não aconteça.
— Não sei se devo...
— Sinto meu amigo, mas já decidimos.
— Se não tem outra maneira, aceito.
— Acredite, achamos melhor assim.
— Justin, sabemos que você é um hábil com as mãos. Além de madeira, sabemos que você trabalha com ferro. Encarregaremos você para consertos gerais.
— Adorei a idéia.
— Ótimo, agora jantemos.

Após a janta, Alan, Ton, Carl, Justin e Chris se reúnem em uma sala, acompanhado de suas companheiras. Conversam por horas e horas, cada um contando suas experiências, os fatos ocorridos, e sobre o livro que Chris e Justin carregavam.

— Ótima a idéia de escreverem um livro.
— É Ton, achamos que deveríamos escrever para

as gerações futuras. Onde estávamos havia muito material de pesquisa, muitos papéis, canetas, lápis e muito tempo livre.

— Amanhã começaremos com nossa rotina, pois hoje corresponderia ao domingo. Temos cinco dias de trabalho e dois de descanso, como antigamente. Somente os guardas que têm uma rotina diferente. Eu e Justin ajudaremos você para fazer as mesas de exames e mais alguns detalhes que forem necessários.

— O que vocês fazem nos dias de folga, digo, para se divertirem?

— Praticamos exercício, nadamos no lago gelado, caminhamos para reconhecermos a região, cavalgamos, etc. Durante as noites, geralmente nos reunimos para conversar e jogar baralho, dominó, dama, xadrez e alguns jogos que salvamos. Temos alguns músicos conosco, o que nos permite fazer alguns bailes regados a muito vinho e dança, além de carne dos animais.

— Deve ser muito bom.

— É muito gostoso ver todos reunidos e dançando.

— Onde estão as cinzas dos mortos?

— Estão em uma sala especial. Às vezes vou até lá para rever nossos pais.

— Você pode me levar até lá?

— Sim.

Ton leva Chris e Luciana até a sala dos mortos, como é chamada.

— Vou deixá-los.

— Obrigado Ton.

Luciana fecha a porta após a saída de Ton.

— Venha Lu, conheça meus pais.

— Sinto pela morte deles.

— Só espero que eles estejam felizes onde estão.

— Tenho certeza que sim. Quer que eu saia?
— Não, por favor, fique.
— Acho que você deveria chorar, para lavar um pouco sua alma.
— Eu estou um pouco endurecido. Não consigo mais chorar, além do mais, não posso demonstrar fraqueza, pois agora eles me escolheram como líder.
— Eu sei, porém, você não lidera um exército, e sim uma pequena comunidade de mais ou menos trinta pessoas. Nós sofremos muito, assim como eles, e sei que eles devem ter chorado com as mortes e perdas.
— Não se preocupe. Logo eu reaprenderei como verter água pelos olhos. Me abrace, por favor.
— Não racionalize desta forma, o que fazemos é chorar, transbordar nossos sentimentos pelos olhos, e não verter água. Luciana o abraça e ficam alguns minutos observando.
— Desculpe minha frieza. Vamos sair, deixemo-os descansar em paz. O casal sai da sala e se dirige ao salão, onde todos se encontravam.
— Como você está?
— Um pouco triste, porém, em paz. Esta noite, reencontrarei o belo Dragão, e começarei a aprender sobre as mudanças que ocorreram na natureza. Desta forma, voltarei a ser quem era.
— Eu soube que Bárbara está grávida.
— É, e mais algumas mulheres.
— Eu...
— Não fale nada. Já conversamos o que tínhamos que conversar. Não quero que você fique triste todas as vezes que uma mulher engravidar.
— Não posso evitar. Eu sei o quanto você queria. É quase como se eu não pudesse retribuir o seu amor.

— Eu não quero outra retribuição além do seu amor. Ficaremos bem. Eu te amo, e nunca deixarei de amar.

Chris abraça Luciana e a beija, acalmando-a.

— Eu tenho Lilian, e a amo. Certamente gostaria de ter um filho com você, mas se não pudermos, seremos felizes da mesma forma. Agora você também é a mãe de Lilian.

— Não tinha pensado nisso.

— Saiba também que tenho certeza que ela já pensou e sabe o quanto vocês duas serão companheiras, mais até do que já são.

Todos se encontram no salão e se sentam, descansando e conversando.

— Boa-noite à todos. Eu e Luciana vamos nos retirar.

— Amanhã acordaremos vocês. Boa-noite.

Justin e Lilian sobem logo em seguida.

— Meu amor, quero reler o seu corpo.

— Não tem mais nada nele.

— Eu quero reler seu corpo, e não o que está nele.

Luciana deixa cair ao chão as pesadas roupas que a cobrem, ficando completamente nua. Chris a pega no colo e a coloca na cama, onde se divertem por horas. Depois de um pouco de conversa, ambos adormecem.

Chris é novamente levado ao Dragão, onde estuda e escreve.

— Quando terminar este livro, você levará para seu povo e deixará para seu filho, desta forma, educando-o para sua função futura.

— Desculpe-me, senhor, mas não tenho filho.

— Tudo à seu tempo.

— Eu não entendo.

— Acalme-se e volte a escrever. Quando for o momento, acontecerá.

— Não acho prudente falar isso para Luciana, pensa Chris, enquanto escreve.

— Concordo com você, meu caro.

— Você lê pensamentos.

— Como a um livro.

— Terei que tomar cuidado com o que penso.

— Não se preocupe, não julgo e sei o quanto suas emoções interferem em seus comportamentos.

Ao amanhecer, Chris retorna ao seu corpo, sendo acordado por seus dois companheiros, Justin e Ton. Luciana se dirige ao local onde as mulheres costuram grossas mantas e roupas. Lilian e Luciana ajudam em um pouco de cada coisa.

Chris, Justin e Ton, começam a reformar a salinha, construindo uma mesa para partos, outra para exames, cadeiras, mesa, etc.

12 NASCIMENTOS E MORTES

Muito tempo se passou e a comunidade aumentara muito. Mais e mais casais tinham filhos. Bárbara estava grávida do terceiro filho. Carl e Ton tinham dois filhos cada. Todos os partos eram feitos por Chris, sempre com o auxílio de Lilian, que começava a aprender o ofício. O livro de ensinamento do anjo da terra, o Dragão, estava no fim, uma enorme enciclopédia, com variedades de ervas, pedras e animais do recomeço, que serviriam para alimentos e medicamentos. Chris era respeitado e tratado com muito carinho por toda a comunidade, inclusive pelas crianças.

Algumas mulheres ensinavam as crianças a ler e escrever, não deixando que a cultura se apagasse, sendo os ensinamentos passados na forma escrita.

A neve havia derretido, e apesar do frio constante, os campos estavam preparados para maiores plantações, e os animais poderiam ser criados mais soltos, aumentando desta forma, a criação.

Numa bela manhã, Chris estava atendendo uma paciente muito especial, também grávida.

— Minha filha, acho que está perto do seu filho nascer. Eu não dou mais do que três dias. Qualquer coisa, você me avisa. O bebê está bem e na posição correta.

— Fico aliviada em saber. Antes de voltar ao trabalho, gostaria de saber como está o seu relacionamento com a Lu. Faz muito tempo que não conversamos sobre isso.

— Está tudo bem. Ela andou meio deprimida por causa dessa estória de filho, e às vezes ela tem uma recaída, mas nada que abale nosso amor e relacionamento. Dependemos muito um do outro.

— Eu converso muito com ela todos os dias, porém, evito entrar nestes detalhes.

— Minha filha, estamos aqui neste local há dez anos, e estamos reconstruindo uma comunidade. Todos trabalham em harmonia, todas as crianças nasceram saudáveis e especiais, como se já tivesse iniciado a nova raça.

Estou muito contente em fazer minha parte, e tenho certeza que Luciana também está. Esperemos que ela se apegue um pouco a tudo isso para poder se fortalecer.

— Como está seu livro?

— Meu amigo Dragão disse que estava no final, aparentemente, mais algumas aulas e terei que me virar sozinho. Sentirei falta deste amigo que me acompanhou todas as noites durante dez anos.

— Devo ir trabalhar. Um beijo, pai.

— Outro filha. Tchau.

Chris fica em sua sala, lendo e relendo muitas vezes o grande livro que ainda estava escrevendo, sempre relembrando e estudando.

Passei momentos incríveis com o Dragão, e sei agora que tudo está no fim. Vi coisas maravilhosas, aprendi muito e sei que vou aprender mais, enquanto continuar estudando este livro, pensa Chris, sem perceber que uma pessoa se fazia presente em sua sala.

— Chris, não sei o que está acontecendo comigo, mas não me sinto bem. Fiquei enjoada a manhã inteira.

— Deite-se, Lu. Deixe-me examiná-la.

Chris passa sua mão na região do útero, e se concentra, da maneira que faz há muito tempo, podendo desta forma ver o que se passa.

— Eu tenho algo para lhe falar, e sei que parece estranho.

— O que foi?

— Desde alguns dias para cá, percebi que sua aura estava diferente, e você estava mudando. O que quero dizer é que você está grávida.

— Não brinque comigo.

— Estou falando sério, e sei que vai ser um menino.

— Como você sabe?

— Há dez anos atrás, quando comecei minhas aulas noturnas, o belo Dragão me disse que eu deixaria este livro que eu estou escrevendo, para meu filho. Quando o indaguei sobre o que ele estava falando, ele simplesmente respondeu que tudo aconteceria no seu devido tempo.

Acabei esquecendo com o passar do tempo, pois nunca imaginei que isso aconteceria depois de tanto tempo.

— A maldição foi quebrada.

Luciana senta na mesa e abraça Chris, que a beija.

— Comemoremos. Quando sairmos do trabalho, avisaremos nossos amigos e faremos uma festa.

Ao cair da noite, todos se reúnem em um bosque, e regado a vinho e churrasco, todos dançam e brincam.

— Pai, acho que minha bolsa estourou.

— Justin, me ajude a levá-la para a sala. Luciana, agora você me ajudará no parto.

— Eu nunca fiz isso.

— Você vai aprender. Tenha confiança e não tema.

— Eu vou, mas antes avisarei Ton, Alan e Carl. Vou em seguida.

Ao chegarem na sala, deitam Lilian na mesa e começam a esperar. Luciana chega e prepara uma bacia com água limpa e toalhas. Depois de algum tempo, nasce uma bela menina. Justin sai da sala aos berros de alegria. Luciana se emociona e chora, assim como Lilian, ao receber a filha no colo.

— Justin, vamos colocá-la na maca e levá-la até o quarto especial.

Ao chegarem, Chris leva a criança para um banho e para os tratamentos iniciais. Logo depois é colocada em um berço ao lado da mãe.

— De tempos em tempos, eu virei vê-la. Descanse.

Chris abraça Luciana e vai em direção da festa, que estava no fim. Justin ficara com a esposa e filha.

— Como foi? pergunta Ton.

— Não poderia ser melhor. Só voltei para avisar que foi tudo bem. Vou dormir para ter minhas últimas aulas com meu amigo. Até amanhã.

— Boa-noite aos dois. Avisarei aos outros.

Chris e Luciana vão para o quarto, onde comemoram a gravidez e o parto da neta. A noite de amor é intensa e cheia de sentimentos. Ao adormecer, Chris vai até o Dragão, que estava se retirando da morada.

— O que você está fazendo, meu amigo.

— Devo retornar ao meu povo. Minha missão está terminada.

— Do que você está falando. Temos que terminar este livro. E a propósito, minha esposa está grávida.

— Parabéns. Eu sabia que este dia chegaria.

— E agora, como ficaremos?

— O restante do livro, você deve escrever. Suas memórias, seu aprendizado, pensamentos, poemas, filosofias, tudo deve ser escrito. Você está pronto. Escreva o restante como se fosse seu diário de dez anos. Sempre que você precisar, é só desejar de coração a minha presença, e assim, eu retornarei para ajudá-lo. Você não precisa mais de mim. Agora se retire.

Chris se aproxima do enorme Dragão e abraça a pata.

— Adeus amigo. Sentirei sua falta. Espero um dia que nos encontremos, sem que eu necessite de sua ajuda, somente pelo prazer de nossa amizade.

— Adeus, Chris.

Enquanto Chris se retira, observa o Dragão levantando vôo e se dirigindo ao céu estrelado. Ele desaparece seguido de um forte clarão. Chris volta para o corpo.

No dia seguinte, o que corresponderia ao sábado, Chris pega um cavalo e se dirige fisicamente à caverna em que sempre esteve astralmente. Luciana fica dormindo, como há muito não fazia.

Ao chegar na caverna, Chris não encontra nenhum dos utensílios que usou durante todos estes anos, praticando alquimia e preparando remédios, além das mesas e velas que acendiam e apagavam com um simples comando mental.

— Será que durante todos estes anos eu estava sonhando. Acho que enlouqueci. Este livro está completo, mas como saber se devo ou posso usá-lo. Sempre fiz as coisas astralmente, e o belo Dragão materializava os manuscritos. Não sei o que fazer, pensa Chris, enquanto se aprofundava mais na escuridão da caverna. Ao caminhar, acaba chutando algo barulhento. — O que será que é isso? Não consigo ver. Vou levar para fora.

Ao sair, Chris observa com enorme surpresa o que achou. Uma medalha de ouro com uma grossa corrente que havia feito com o auxílio do Dragão, que se apoderou da peça dourada. Ao virar a medalha, estava escrito "confie em si mesmo", na língua que o belo Dragão o havia ensinado. Do outro lado, uma gravura em alto relevo da constelação de Draco.

— Acho que agora eu posso terminar este livro. Hoje entendo que fui apenas um instrumento da vontade Divina. Deixarei este legado para a humanidade, fala Chris, enquanto coloca a medalha no pescoço e se curva em direção de onde o Dragão costumava ficar. — Até outro momento, meu mestre.

Chris monta em seu cavalo, sem olhar para trás. Enquanto começa o retorno à sua casa, o Dragão se materializa, e o observa, se curvando em sinal de respeito ao aluno, desaparecendo em seguida.

Passam-se nove meses, da mais pura harmonia, até o momento do nascimento de seu filho. Após o parto bem sucedido, nasce uma bela criança, um menino forte e saudável. A felicidade de Chris e Luciana se completa, e pela primeira vez em muitos anos, Chris derrama uma lágrima, enquanto segura seu filho no colo. Ele o coloca nos braços de Luciana, que é felicitada por Lilian, que os ajudara em mais um parto.

— Agora estou em paz, pois meu filho nasceu, pensa Chris.

— Como devemos chamá-lo?

— Draco, se me permite, quero homenagear meu

mestre. Sei que onde quer que ele esteja, ele nos observa.

— Concordo. Fico feliz por você finalmente ter derramado uma lágrima. Eu te amo.

— Acho que precisava disso. Eu também te amo.

A criança cresce, e aprende a escrever e a ler. Seu pai começa a ensinar as artes da alquimia e medicina, que estava contido no livro já terminado. Eles estudavam juntos filosofia e história, além do retorno dos Anjos, Dragões, elementais e espíritos da natureza e animais há muito extintos, como o unicórnio, o grifo, etc. Chris o ensinava sobre os fatos ocorridos, contidos no outro livro, escrito em Campinas, contando-lhe os crimes que a humanidade havia cometido e que jamais deveriam ser repetidos.

Com o crescimento das crianças, que agora já estavam quase adultas, elas foram substituindo seus pais nos afazeres. Draco começou a praticar a medicina e a fazer os partos, no começo, sob a supervisão de Chris, posteriormente, com a ajuda de Linda, filha de Lilian.

Os jovens começam a se relacionar entre si, e começam a ter filhos, passando o conhecimento adiante. Mais livros foram escritos e mais ensinamentos foram acrescidos. Com o crescimento populacional, casas começaram a ser erguidas, e as plantações e criações começaram a aumentar.

Os mais velhos, começaram a morrer gradativamente, tendo os corpos cremados e guardados na sala dos mortos. Com o tempo, aumentaram a sala, transformando em um enorme salão.

O ano era de 2060, e todos já estavam envelhecidos e com pouca energia. Carl, Alan, Ton, Justin, Chris, Luciana, Lilian, Bárbara e as demais esposas, começaram a morrer, um a um, deixando livros, memórias e ensinamentos aos seus filhos e demais descendentes. Todos morreram com uma média de noventa anos, de muita luta, fé e amor. Chris deixa de herança para Draco, os livros e o seu medalhão, que deveria ser passado de pai para filho, sempre que o filho seguisse a função de curandeiro.

    Draco assume definitivamente as funções do pai, assim como os demais filhos. Produziam tudo o que era necessário. A cidade começou a ser visitada por viajantes, que eram sempre muito bem acolhidos. Trocavam informações e experiências, sempre com o intuito de se aperfeiçoarem. Recomeçava assim, uma nova civilização, em paz e harmonia, seguindo sempre o caminho da luz, e não sendo atormentados pelas trevas, apesar delas ainda existirem.

APÊNDICE

Avisos Apocalípticos

1 – Os Deuses virarão as costas para a humanidade.
2 – Reencontro das egrégoras.
3 – Retorno do MESSIAS.
4 – Morte dos pardais.
5 – Morte dos mártires.
6 – Relíquias sagradas serão encontradas.
7 – Exército de mortos retornarão.
8 – Nascimento da primeira criança sem alma.

Dez pragas judaicas

1 – Dam – as águas se tornaram sangue.
2 – Tzephardia – sapos invadem o Egito.

3 – Kinnim – enxame de animais nocivos, mosquitos e moscas.
4 – Arov – bestas selvagens invadem o Egito.
5 – Dever – epizootia, epidemia de animais.
6 – Shechin – as águas ferveram.
7 – Baradh – chuva de pedras.
8 – Arbeh – enxame de gafanhotos.
9 – Choshekh – trevas.
10 – Makath Be-Khoroth – morte dos primogênitos.

Sete selos católicos

1 – Cavalo branco, sendo montado por um arqueiro, foi lhe dado uma coroa, saindo vitorioso e para vencer.
2 – Cavalo vermelho, sendo montado por um espadachim, senhor da guerra, capaz de acabar com a paz entre os homens.
3 – Cavalo negro, sendo montado pelo portador da balança.
4 – Cavalo amarelo, sendo montado pela Morte, sendo seguido pelo inferno, tendo o poder de matar com a espada, fome, peste e com as feras.
5 – Morte dos mártires.
6 – Terremoto, o sol fica negro, a lua tornou-se toda vermelha, as estrelas caíram sobre a terra.

7 – Fez-se silêncio no céu por meia-hora. Sete anjos com sete trombetas. Outro anjo parou diante do altar e ofereceu incenso à DEUS como oração de todos os anjos e santos. O anjo pegou o turíbulo de ouro e o encheu de fogo do altar, lançando-o para terra. Houve trovões, relâmpagos e terremotos.

Sete Trombetas católicas

1 – Ao toque da primeira trombeta, formou-se uma chuva de granizo e fogo, de mistura com sangue. 1/3 da terra destruída.

2 – Ao toque da segunda trombeta, um grande monte ardendo em fogo, foi jogado ao mar, transformando 1/3 do mar em sangue.

3 – Ao toque da terceira trombeta, caiu do céu uma grande estrela, caindo sobre 1/3 dos rios e fontes. As águas foram envenenadas.

4 – Ao toque da quarta trombeta, foram feridos 1/3 do sol, 1/3 da lua e 1/3 das estrelas, tendo o dia perdido 1/3, assim como a noite.

5 – Ao toque da quinta trombeta, foi aberto o abismo, saindo uma fumaça, escurecendo o sol. Saíram gafanhotos,

com mordida de escorpião. Lhes foram dado a ordem de somente infligir sofrimento, sem morte durante cinco meses, aos que não tivessem o selo de DEUS em sua frontes. Os homens buscarão a morte, porém em vão, pois não poderão morrer.

6 – Ao toque da sexta trombeta, foram libertados do rio Eufrates, quatro cavaleiros anjos, com a ordem de matar 1/3 dos homens. O número de cavaleiros era de duzentos milhões. Os homens foram mortos pelo fogo, fumo e enxofre dos cavalos.

7 – Ao toque da sétima trombeta, o mistério de DEUS se completa, e o mundo passa a ser reinado por CRISTO. Abre-se no céu o templo de DEUS, sobrevindo relâmpagos, vozes, terremoto e uma grande chuva de pedras.

Sete Taças católicas

1 – O primeiro anjo derramou a taça sobre a terra, causando uma úlcera cruel nos seguidores da besta.

2 – O segundo anjo derramou sua taça sobre o mar, transformando-o em sangue, matando todos os animais.

3 – O terceiro anjo derramou sua taça so-

bre rios e fontes, transformando-os em sangue.

4 – O quarto anjo derramou sua taça sobre o sol, tendo o poder de arder os homens em fogo.

5 – O quinto anjo derramou sua taça sobre o trono da besta. Os homens mordiam a língua por causa de suas úlceras, e blasfemavam DEUS e não se arrependiam de seus feitos.

6 – O sexto anjo derramou sua taça sobre o rio Eufrates, secando-o para a passagem dos reis do Oriente, fazendo demônios juntá-los em um local chamado armagedom.

7 – O sétimo anjo derramou sua taça sobre o ar. Seguiram-se relâmpagos, vozes, trovões e terremotos, além de uma chuva de pedras.

Sete selos essênios

1 – Anjo do ar, o céu escureceu, o ar tornou-se fétido e viciado.

2 – Anjo da água, as águas tornaram-se lodosas e cheias de limo, matando as criaturas.

3 – Anjo do sol, fogo da destruição, matando florestas e vales verdejantes, deixando somente ossos.

4 – Anjo da alegria, morte aos homens com suas mãos decepadas pela espada, assim como suas cabeças.

5 – Anjo da vida, safra que o homem colheu foram a morte e a fome.

6 – Anjo da terra, o homem arrancou e jogou fora os próprios olhos para não verem a Árvore da Vida.

7 – Anjo da Mãe terrena, trouxe a mensagem de luz ardente, porém o homem não escutou.

Sete trombetas essênios

1 – Chuva de granizo e fogo misturado com sangue, queimando as matas.

2 – Uma montanha que se abrasava foi jogada ao mar, sangue ergueu-se da terra como um vapor.

3 – Grande terremoto, o sol ficou negro e a lua vermelha como sangue.

4 – As estrelas caíram sobre a terra.

5 – O céu partiu-se, na terra já não havia mais vida da natureza. O solo estava macio e grosso de sangue, até onde a vista alcançava. Sobre a terra havia silêncio.

6 – Holocausto total do homem, afogados em um mar de sangue e destruição.

7 – Vozes, trovões e relâmpagos, juntamente com um terremoto.

Doze avisos apócrifos

1 – Início das inquietações.
2 – Matança dos poderosos.
3 – A morte de muitos.
4 – Desembainhar das espadas.
5 – Fome e dilúvios de chuva.
6 – Terremotos e horror.
7 – Sem identificação
8 – Aparições e encontro com espíritos.
9 – Queda de fogo do alto.
10 – Saques e opressões.
11 – Crimes e devassidão.
12 – Mistura de todos os fatos anteriores.

MÚSICAS RECOMENDADAS

Return to innocence, do grupo Enigma, e todos os demais trabalhos.

Enia, todos os trabalhos.

Era, todos os trabalhos.

Lorena Mac., todos os trabalhos.

Blind guardian.

Meatloaf.

Michael Flatley, em feet of flames.

Who wants to live forever, do grupo Queen.

Iris, do grupo Goo Goo Dools.

FILMES RECOMENDADOS

Exterminador do futuro I, II, III.
Stigmata.
O exorcista.
O iluminado.
Anjos rebeldes I, II, III.
A sétima profecia.
Fim dos dias.
Highlander, os filmes e a série.
Brimstone, a série.
Jovens bruxas.
Stargate, o filme e a série.
Charmed, a série.
O sexto sentido.
O advogado do diabo.
Drácula, de Bran Stoker.
Hellhaiser, I, II, III.
Indiana Jones, I, II, III.
Guerra nas estrelas, I e a trilogia.
Coração de Dragão.
Merlin.
Odisséia.

Hércules e Xena, as séries.
Matrix.
Um drinque no inferno, I, II, III.
Vampiros, de John Carpenter.
Blade, o caçador de vampiros.
Um lobisomem americano em Paris.
Amor além da vida.
O décimo terceiro guerreiro.
O décimo oitavo anjo.
Cidade dos anjos.
Bruxa de Blair I e II.
Drácula 2000.
Dogma.
O contato.
Possuídos.
Mestre dos desejos I e II.
Quinto elemento.
Dark shadows, a série.
O legado, a série.
Tales from the cript.
Twilight zone.
Silêncio dos inocentes.
Hannibal.
O último portal.
Fenômeno.
Intruders.
Fogo no céu.
Energia pura.

BIBLIOGRAFIA RECOMENDADA

Almanaque do pensamento 2000, 2001 – Editora Pensamento.

Abramelin, o mago – O Livro da Magia Sagrada – Editora Anúbis, 1997.

Al-Hazred, Abdul – O Necronomicon – Editora Anúbis, 1997.

Alighieri, Dante – A Divina Comédia, Edição bilíngue – editora 34.

Andrews, Ted – O Encanto do Mundo das Fadas – Editora Nova Era/ Record, 1993.

Apócrifos, Os Proscritos da Bíblia, volumes I, II, III – Editora Mercuryo, 1995.

Barrett, Francis – Magus – Editora Mercuryo, 1994.

Blavatsky, Helena P. – Glossário Teosófico – Editora Ground, 1995.

Brasil, Marislei Espíndula – Madeleine – Lúmem Editorial Ltda, 1998.

Budge, E.A. Wallis – O Livro Egípcio dos Mortos – Editora Pensamento.

———. *An Egyptian Hieroglyphic Dictionary, Volumes I e II – Dover Publications Inc., New York.*

———. *The divine origin of the craft of the herbalist – Dover Publications Inc., New York.*

———. *Egyptian magic – Dover Publications Inc., New York.*

Burman, Edward – Templários: Os Cavaleiros de DEUS – Editora Nova Era, 1997.

Carter, Geraldine – Mitologia latino-americana, guia ilustrado – Editorial Estampa/ Círculo de leitores, Lisboa.

Crowley, Aleister – Os Livros de Thelema – Editora Madras, 1997.

———. Os Livros Sagrados de Thelema – Editora Anúbis/Madras, 1998.

Conway, D. J. – Livro Mágico da Lua – Editora Gaia, 1997.

Cotterell, Arthur – The Encyclopedia of Mithology – Lorenz Books, 1996.

Cunningham, Scott – Enciclopédia de cristais, pedras preciosas e metais – Editora Gaia, 1999.

———. Guia essencial da bruxa solitária – Editora Gaia, 1998.

———. Magia Natural – Editora Gaia, 1997.

David – Néel, Alexandra – Magia do amor e Magia negra ou o Tibet desconhecido – editora Pensamento.

Davidson, Gustav – A dictionary of angels / including the fallen angels – The Free Press, New York.

Davis – A serpente e o arco-íris – Jorge Zahar Editor, 1986.

Despeux, Catherine – Tai-Chi Chuan – Editora Pernsamento.

Dunwich, Gerina – Poções mágicas – Editora Bertrand Brasil, 2000.

Fagundes Filho, Antonio Augusto – O livro dos demônios – L&PM editores, 1997.

Faur, Mirella – O anuário da Grande Mãe – Editora Gaia, 1999.

Frazão, Marcia – A cozinha da bruxa – Editora Bertrand Brasil, 1992.

———. Revelações de uma bruxa – Editora Bertrand Brasil, 1994.

———. O gozo das feiticeiras – Editora Bertrand Brasil, 1996.

———. O feitiço da lua – Editora Bertrand Brasil, 1997.

———. O oráculo dos astros – Editora Bertrand Brasil, 1998.

———. A panela de Afrodite – Editora Bertrand Brasil, 2000.

———. Manual mágico do amor – Editora Bertrand Brasil, 2001.

Froud, Brian – *Good faeries/ Bad faeries* – Simon & Schuster Editions, 1998.

Godwin, David – *Cabalistic Encyclopedia* – Llewellyn Publications, St. Paul, Minnesota, 1999.

Golb, Norman – *Quem escreveu os manuscritos do Mar Morto?* – Editora Imago, 1996.

Homero – *A ilíada* – Editora Ediouro, 1996.

Homero – *A odisséia* – Editora Ediouro.

Houston, Jean – *A paixão de Ísis e Osíris* – Editora Mandarim, 1997.

Kramer, Heinrich/ Sprenger, James – *Malleus Maleficarum* – Editora Rosa dos Tempos, 1997.

Levi, Eliphas – *Dogma e ritual de alta magia* – Editora Madras, 1998.

———— · *As origens da cabala* – Editora Pensamento.

Melton, J. Gordon – *Livro dos vampiros* – Makron Books do Brasil Editora Ltda, 1994.

Miller, Richard Alan e Iona – *A Utilização Mágica dos Perfumes* – Editora Nova Era, 1997.

Mistérios do desconhecido – Abril Livros/Time-Life (toda a coleção).

Molinero – *Dragões, os anjos da terra* – Editora Mandala, 1994.

Morgan, Govenka – *Os encantamentos de Govenka Morgan* – Editora Outras Palavras/ Alendalenda.

Nocerino, F.R. Nick; Bowen, Sandra; Shapiro, Joshua – *Mistérios dos crânios de cristal revelados* – Editora Ground, 1988.

Papus – *Tratado elementar de magia prática* – Editora Pensamento, 1997.

Read, Piers Paul – *Os Templários* – Editora Imago, 2001.

Ribeiro, Costa – *Conhecimento da astrologia* – Novo Milênio editora, 1996.

Rinpoche, Sogyal – *O livro tibetano do viver e morrer* – Editora Talento.

Riffard, Pierre A. – *O Esoterismo* – Editora Mandarim, 1996.

Rocha, Antonio Carlos – *O poder do Dragão* – Editora Espaço e Tempo, 1993.

Ronecker, Jean-Paul – *O simbolismo Animal* – Editora Paulus, 1997.

Samdup, Lama Kazi Dawa – *O livro dos mortos tibetano* – Editora Hemus, 1994.

Sams, Jamie – *As cartas do caminho sagrado* – Editora Rocco, 1990.

——— · *Cartas Xamânicas* – Editora Rocco, 2000.

Schlegel, Dorothea e Friedrich – *A história do mago Merlin* – Editora Martins Fontes, 1993.

Shah, Idries – *A Tradição Secreta da Magia* – Editora Bertrand Brasil, 1998.

Siqueira, Renato Guedes de – *Cinestesia do saber* – Editora Roka, 1996.

Smith, Steven R. – *O Livro dos Incensos* – Editora Roca, 1994.

Spence, Lewis – *Mitologia Egípcia, guia ilustrado* – Editorial Estampa/ Círculo de leitores, Lisboa.

Starhawk – *A Dança Cósmica das Feiticeiras* – Editora Nova Era, 1997.

Steiger, Brad – *The Werewolf Book* – Visible Ink Press, 1999.

Szekely, Edmond Bordeaux – *O evangelho essênio da paz* – Editora Pensamento, 1981.

Thomas, Keith – *Religião e o declínio da magia* – Editora Companhia Das Letras, 1991.

Tolkien, J.R.R. – *O senhor dos anéis / edição completa* – Editora Martin Fontes, 2001.

Trimegistus, Hermes – *Corpus Hermeticum* – Editora Hemus.

Tsé, Lao – *Tao Te Ching* – Editora Martin Claret, 2000.

Tzu, Sun – *A arte da guerra, volumes I e II* – Editora Record, 1983/ 1996.

Sobre o autor

Nascido em 27 de março de 1975, em São Bernardo do Campo, no Estado de São Paulo, teve uma infância normal, o mesmo não podendo ser dito em relação à pré-adolescência até os dias atuais.

Atormentado por pesadelos e visões de presenças em seu quarto, além de um desequilíbrio energético chamado tremor essencial, desde muito cedo perguntava-se sobre o que aconteceria se tivéssemos outras crenças que não fosse a católica, pois, apesar de ter sido batizado, ter feito a comunhão e crisma, estudar em colégio de padres e ir à missa, uma tormenta se fazia presente.

Apesar de um grande medo de ir para o inferno, resolveu estudar os mistérios que cercam a humanidade e procurar as respostas dos muitos porquês de nossas vidas.

Quanto mais se aprofundava, mais perguntas surgiam, e menos satisfatórias eram as respostas, entendendo desta forma que não existe uma verdade absoluta, e sim, várias verdades fragmentadas, que unidas como em um gigantesco quebra-cabeças, formam a imagem de nosso Deus Criador.

Desta forma, os fragmentos foram recolhidos em centenas de livros sobre os mais variados assuntos, desde o mais obscuro ocultismo até os mais belos e sagrados livros, como a Bíblia, evangelhos essênios, torá, pergaminhos do mar Morto, evangelhos espíritas, etc., passando por livros de terapias, medicinas orientais, até que tornou-se terapeuta profissional após anos de estudos com grandes mestres holísticos na Vila Mariana, na cidade de São Paulo.

Outros fragmentos foram recolhidos durante suas aventuras no interior de São Paulo, envolvendo-se com ufologia. Filiou-se a um grupo ufológico, participou de várias pesquisas de campo, fez parte de grupos pagãos, participando de rituais nos solstícios e equinócios, além de datas especiais como os dias das bruxas, e outras.

Apesar de estar menos aventureiro, sabe que ainda faltam alguns fragmentos, mas já consegue visualizar a imagem do quebra-cabeças. Mesmo assim, afirma, como um bom teimoso e curioso, que vai morrer tentando completar as peças que faltam.

Seu medo em relação ao inferno já se desfez, porém, algumas tormentas ainda o perseguem, mas não mais se deixa abater ou se rende ao medo.

Hoje, quando argüido em sua loja de artigos exotéricos, no qual é sócio com seus dois irmãos, afirma que sabe sobre suas crenças, muito mais do que merece, muito menos do que precisa; que sua religião é Deus e mestres de luz no reino etérico, pais, irmãos, amigos e mestres, enfim, família no reino material.

Sua filosofia de vida é simplesmente não fazer aos outros o que não quer que seja feito a si mesmo, e o seu livro de estudo são todos os seres vivos deste e de outros planetas e reinos, além dos mistérios que os cercam.

Agradece à Deus e aos seus mestres todas as noites por nunca ir dormir sem ter aprendido algo novo durante o dia que encerra.

Hoje vive no sul do belo Estado de Santa Catarina, na cidade de Criciúma, onde vive rodeado pela sua família e amigos, além de uma natureza abundantemente bela, com praias, montanhas e florestas, lembrando-o diariamente sobre seus deveres como um ser humano em busca da luz, lembrando-se de uma frase lida alguns anos atrás em um livro não mais em seu poder: "Não somos seres humanos vivendo uma experiência divina, e sim, seres divinos vivendo uma experiência humana".